C.H.BECK WISSEN

in der Beck'schen Reihe

Am Ende des Ersten Weltkrieges wandelte sich Deutschland vom Kaiserreich zur Republik. Doch die alten Eliten übten weiterhin großen Einfluss aus, die Mentalitäten, Strukturen und Institutionen zeigten ein bemerkenswertes Beharrungsvermögen. Die erste deutsche Demokratie hatte mit vielfältigen Konflikten zwischen politischen Richtungen, sozialen Gruppen und ökonomischen Klassen zu kämpfen, die sich immer wieder in heftigen Gewaltausbrüchen entluden. Knapp und anschaulich beschreibt Gunther Mai die dramatischen Auseinandersetzungen der Jahre zwischen 1918 und 1933, die mit der «Machtergreifung» der Nationalsozialisten endeten. Dabei liegt sein Hauptaugenmerk auf den Modernisierungskonflikten, die sich in Deutschland aus dem Übergang vom Agrar- zum Industriestaat ergaben.

Gunther Mai, geb. 1949, ist Professor für Neuere Geschichte und Zeitgeschichte an der Universität Erfurt.

Gunther Mai

DIE WEIMARER REPUBLIK

Verlag C. H. Beck

Originalausgabe

Satz: Fotosatz Reinhard Amann, Aichstetten
Druck und Bindung: Druckerei C. H. Beck, Nördlingen
Umschlagabbildung: Reichspräsidentenwahl 13. März 1932

Umschlagentwurf: Uwe Göbel, München
Printed in Germany
ISBN 978 3 406 56277 8

www.chbeck.de

Inhalt

Einleitung

Als Mitte Januar 1933 die Staatskrise der Weimarer Republik auf ihren Höhepunkt zusteuerte, debattierte das Reichskabinett über Weißkohl, Tomaten und Käse. Es ging um die Frage, ob die Handelsverträge mit den Niederlanden oder Schweden verlängert werden oder auslaufen sollten. Liefen sie aus, waren Maßnahmen gegen den deutschen Export von industriellen Produkten zu befürchten. Angesichts der Frage, ob Adolf Hitler als Reichskanzler noch zu verhindern sei, war das auf den ersten Blick ein nebensächliches Problem. Doch es handelte sich um eine Grundsatzentscheidung, die für das Schicksal der Republik ebenso bedeutsam war wie die Auseinandersetzungen zur Jahreswende 1929/30 über die Anhebung der Beiträge zur Arbeitslosenversicherung um ein Viertelprozent. Auch dieser scheinbar so geringfügige Konflikt war zu einem Wendepunkt geworden. Denn damit verband sich das Ende der Großen Koalition unter Führung der SPD, die Parteienkonstellationen im Reichstag wandelten sich grundlegend durch den Aufstieg der NSDAP, und es begann der Übergang zum autoritären Präsidialregime. 1930 war der Machtkampf zugunsten der Industrie entschieden worden, gegen die SPD und gegen die Gewerkschaften. 1933, in der Debatte über Kohl und Käse, ging es um den Machtkampf zwischen Industrie und Landwirtschaft.

Die Verbände aller sozialen Großgruppen wurden in diesen Januartagen bei Reichskanzler und Reichspräsident vorstellig. Gewerkschaften und Industrie trugen in seltener Übereinstimmung die Klage vor, eine Verteuerung der Lebensmittel werde nicht nur die Not der Arbeiter erhöhen, vor allem die der sechs Millionen Arbeitslosen, sondern auch die Nachfrage nach agrarischen (wie industriellen) Produkten weiter schwächen. «Arbeiternot ist Bauerntod.» Der Hinweis auf die geringere Wertschöpfung der Landwirtschaft fehlte nicht; deren Klagen über den Außenhandel als Quelle ihrer Not wurden «auf das schärfste» zurückgewiesen. Dagegen beschworen die Agrarier die Gefahr eines weiteren Höfesterbens, den Niedergang der Landwirtschaft insgesamt, und drohten mit einer unkontrollierbaren Radikalisierung der Bauern. «Hat der Bauer Geld, hat's die ganze Welt.» Befürchtete der Ernährungsminister, dass «ganze Gebiete der Landwirtschaft [...] den Interessen der Exportindustrie zum Opfer gebracht werden», warnte ein der Industrie nahestehender Nationalliberaler vor der Illusion, «es wäre möglich, die deutsche Landwirtschaft zu retten», indem man sich allein auf den Binnenmarkt konzentriere und dabei Export und Kaufkraft zerstöre. Es gebe «nur einen Weg» aus der Krise, nämlich zunächst den industriellen Teil der Volkswirtschaft zu sanieren und damit Kaufkraft zu schaffen.

Die Agrarier setzten sich durch und stürzten die Regierung Schleicher. Von dem sich nun abzeichnenden Kabinett Hitler-Papen befürchtete die Industrie eine landwirtschaftsorientierte Autarkiepolitik und versuchte noch Anfang Februar, Hitler auf die «weitestgehende Stärkung der Exporte zwecks Arbeitsbeschaffung» festzulegen, und drohte ihm: «Erschwerung des Eintretens für Regierung, falls einseitige Agrarpolitik übertrieben wird.» Ähnlich forderte die Reichstagsfraktion der katholischen Zentrumspartei bei ihren Verhandlungen mit Hitler Ende Januar Auskunft darüber, ob er für die Stärkung des Binnenmarktes eintrete, wie sein Agrarexperte Walther Darré in einem offenen Brief an den Reichskanzler gefordert hatte, oder ob er die Notwendigkeit des Exportes auf den Weltmarkt anerkenne, wie man seinen eigenen Äußerungen entnehmen mochte. Hitler verweigerte die Auskunft.

Hinter diesen Konflikten stand die Frage, ob das Reich ein Industrie- oder ein Agrarstaat sei. Die Debatte war erstmals um 1900 geführt worden, und das Kaiserreich hatte den Konflikt obrigkeitlich zugunsten einer Parität entschieden, d. h. zugunsten der Landwirtschaft, die ihre volkswirtschaftliche Bedeutung zunehmend verlor. Die Monarchie war auf einen starken Adel angewiesen, der seine wirtschaftlichen und kulturellen Wurzeln auf dem Land und in der Landwirtschaft hatte – gerade in Preußen. Die Verfassungen des 19. Jahrhunderts hatten ihm mit den Adelskammern eine exklusive Stellung reserviert. Als diese Protektion 1918 entfiel, verschob sich die Balance zwischen Industrie und Landwirtschaft nach den neuen Kriterien gesellschaftlicher Verteilungsentscheidungen zugunsten der Ersteren. Doch es zeigte sich, dass das Alte noch mächtig genug war – das Beharrungsvermögen der alten Eliten, die Dauerhaftigkeit der kollektiven Mentalitäten, die Gewohnheiten der Lebensweisen, die Langlebigkeit kultureller Deutungsmuster und ideologischer Weltinterpretationen. Zwar war der Adel 1918 fast überall seiner rechtlichen Privilegien und seiner politischen Institutionen beraubt worden, doch nicht (bzw. kaum) seiner ökonomischen Grundlagen, seines politischen Einflusses und seiner kulturellen Hegemonie auf dem Land. Jedoch verlor die adelsdominierte Großlandwirtschaft zunehmend die Gefolgschaft der Bauern, die sich in eigenen Parteien, Bünden und Verbänden organisierten. Tiefer noch in sich gespalten war das industrielle «Lager», da Unternehmer und Gewerkschaften zu keinem Konsens fanden, sondern sich weiter in dem tradierten Klassenkampfschema bekämpften. So entstand eine äußerst labile, vielfach gebrochene Gleichgewichtssituation zwischen den sozialen Gruppen bzw. den ökonomischen Klassen. Die diesen entsprechenden politischen Lager blockierten sich im Kampf um die politische und kulturelle Hegemonie wechselseitig. Diese Blockade schien zuletzt nur noch durch Gewalt überwindbar: von unten durch Revolution oder von oben durch Diktatur. Zu keiner Zeit in der jüngeren Geschichte Europas war eine solche Häufung gewalthafter innenpolitischer Auseinandersetzungen zu beobachten: von militanten Massenstreiks bis zum Generalstreik, von Putsch- und Revolutionsversuchen bis zum erbitterten Bürgerkrieg.

Eine Volksfront wie in Frankreich und Spanien in den 1930er-Jahren war angesichts der bitteren Feindschaft zwischen SPD und KPD im Reich ausgeschlossen. Aber auch die autoritären Präsidialkabinette scheiterten an einer politischen Lösung des Konfliktes zwischen Landwirtschaft und Industrie, und zwar am erbitterten Widerstand der Ersteren. Sie waren zu sehr auf einen Ausgleich der Interessen bedacht gewesen, nicht autoritär genug. Jetzt stellte sich die Frage, wer den nächsten Versuch übernehmen sollte: ob erneut Franz von Papen oder Alfred Hugenberg oder Adolf Hitler. Die beiden Ersteren waren dezidiert proagrarisch, und Hugenberg galt als der Rücksichtsloseste, gefährlicher vielleicht noch als Hitler, der zumindest auf einen starken agrarischen Flügel in seiner Partei Rücksicht zu nehmen hatte. Im Kabinett saßen sie nach dem 30. Januar 1933 alle drei: Hitler als Kanzler, Papen als Vizekanzler, Hugenberg als Wirtschafts- und Ernährungsminister. Doch trotz dieser Konstellation und trotz symbolischer Aufwertung sah die Landwirtschaft ihre Erwartungen bald enttäuscht. Hugenberg war bereits im Juli 1933 aus dem Kabinett verdrängt, Papen folgte im Juli 1934. Spätestens mit dem Vierjahresplan 1936 war entschieden, dass der Landwirtschaft im Rahmen der Rüstungswirtschaft nur eine der Industrie nach-, gar untergeordnete Rolle zukam.

Die Weimarer Republik hatte mit der wohl schwierigsten Phase des Wandels von einer agrarisch geprägten zu einer industriekapitalistisch dominierten Gesellschaft zu kämpfen. Doch traf dies in der Zwischenkriegszeit für ganz Europa zu, vergleichbar auch für Nord- und Südamerika, selbst Teile Asiens. Diese agrarische Transition verlief vor dem Hintergrund einer raschen Abfolge konjunktureller und struktureller Krisen: von der «Großen Depression» 1873–1895 über Kriegswirtschaft, Inflation oder Deflation 1914–1920/23 bis zur Weltwirtschaftskrise 1929–1934/36.

Der Weltkrieg und die an seinem Ende stehenden Revolutionen haben diesen Wandel nicht verursacht, auch wenn die Zeitgenossen das verkürzend so interpretierten, wohl aber dramatisch beschleunigt. Dennoch: Der Erste Weltkrieg war die eigentliche Revolution, die Zwischenkriegszeit die Suche nach neuen Ordnungsmustern. In der Zwischenkriegszeit bildeten sich in Europa fünf solcher Ordnungsmuster bzw. Entwicklungspfade heraus: 1. der westeuropäische des schwierigen, aber erfolgreichen parlamentarischen Konsenses; 2. der skandinavische des parlamentarischen Ausgleichs zwischen Sozialdemokratie und Bauern; 3. der deutsch-italienische des totalitär unterdrückten Dissenses; 4. der ost- und südeuropäische der autoritären Entwicklungsdiktaturen; 5. der russische des bolschewistischen Experimentes. Die Diktatur war – wie in vielen Staaten Europas die parlamentarische Demokratie – ein historisch neues Experiment, eine den Umständen der Zeit scheinbar angemessene Problemlösungsvariante. Als Modell galt vielfach Italien: eine «gelenkte Demokratie», wie Mussolini sie nannte, die mit den alten Eliten paktierte und für einen korporativ organisierten Ausgleich zwischen Industrie und Landwirtschaft sorgte, die im Rahmen des Systems eine gewisse Pluralität duldete, aber die Kommunisten unterdrückte, die sich auf das Militär stützte und zugleich die Akklamation des Volkes suchte. Die Bewunderung Mussolinis reichte weit bis in das liberale, selbst bis in das linke Lager hinein. Es schien vielen plausibel, die Weimarer Republik einer autoritären Präsidialdiktatur zu opfern, die sich zudem noch auf die der Weimarer Reichsverfassung immanente «Reserveverfassung» berufen konnte. Die Abfolge der Präsidialkabinette seit 1930 illustriert den Such- und Experimentierprozess nach der angemessenen Form eines autoritären Regimes. Trotz des bald nur noch mühsam gewahrten Scheins der Legalität war auch Hitler bis zum Tod Hindenburgs 1934 bemüht, sich noch im Rahmen einer «konstitutionellen Diktatur» zu bewegen.

Die deutsche Diktatur war die zehnte, die in Europa errichtet wurde. 1939 waren nur noch elf der 28 Staaten parlamentarische Verfassungsstaaten, weltweit 17 der 65 souveränen Staaten. Das deutet auf die Instabilität der 1918 etablierten politischen Systeme hin. In keinem der im Weltkrieg unterlegenen Staaten überdauerte das parlamentarische System. Die revolutionäre Transformation im Zeichen der militärischen Niederlage wurde von weiten Teilen der Bevölkerung nicht akzeptiert, und die Friedensbedingungen wirkten krisenverschärfend: die Prestige- und Statusverluste, die ökonomischen Konsequenzen, die territorialen Einbußen oder die Sezessionsbestrebungen ethnischer Minderheiten. Und auch in keinem der 1918 neu gegründeten Staaten Ost- und Südosteuropas widerstand – mit Ausnahme der Tschechoslowakei – das parlamentarische System den Belastungen des politischen und ökonomischen Staatsbildungsprozesses.

Den Diktaturerrichtungen voraus gingen offene oder latente Bürgerkriegssituationen. Der Krisenkumulation von Krieg und Kriegsfolgen, von Revolution und Staatsgründung, von agrarischer Transition und Wirtschaftskrise waren die politischen Systeme nicht gewachsen. Die Parteiensysteme zersplitterten entlang der Grenzen enger sozialer und ökonomischer Interessen. Die Parteien waren zu dauerhafter Koalitionsbildung unwillig oder unfähig und standen sich in zumeist unversöhnlichen Lagern gegenüber. Häufige Neuwahlen und Regierungsumbildungen waren die Folge. Die Institutionengefüge büßten ihre Fähigkeit zur Konfliktregulierung ein. Die Handlungsschwäche des Staates ließ große Teile der Bevölkerung rebellierend zur Selbsthilfe greifen durch Klassenkampf und Bürgerkrieg. Zwar vermochten die parlamentarischen Systeme linke Revolutionsversuche abzuwehren, nicht aber rechte «Machtergreifungen», die nach Mussolinis Vorbild meist eine Mischung aus formallegaler Machtübertragung und illegaler Machteroberung waren.

Von vergleichbaren Krisenerscheinungen blieben auch die Sieger des Krieges oder die Neutralen nicht verschont. Obwohl England 1926, die Schweiz 1933 und Frankreich 1934 am Abgrund eines Bürgerkrieges standen, so war es doch bezeichnend für den gefestigten Grundkonsens, dass in dieser Staatengruppe Minderheitsregierungen ohne innere Destabilisierung möglich waren, vor allem in Skandinavien und England, und dass hier selbst sozialdemokratische Minderheitskabinette seit Anfang der 20er-Jahre toleriert wurden. Dagegen legt die Kollaboration der Franzosen mit Marschall Pétains Vichy-Regime 1940 die Annahme nahe, dass der parlamentarische Konsens dort brüchig war.

In diesem europäischen Kontext kann die Weimarer Republik nicht in erster Linie von ihrem Ende her beurteilt werden: als Vorgeschichte des Dritten Reiches, als Intermezzo zwischen autoritärem Kaiserreich und totalitärer Diktatur. Es wäre ebenso ungerechtfertigt, sie aufgrund der in der Gründungsphase «verpassten Chancen» als «schwache» Republik zu beurteilen, die mehr an den eigenen Defiziten als an dem Potenzial ihrer Gegner zerbrach. Es gab und gibt viele monokausale wie geschichtsmythische Erklärungsversuche, das Scheitern der Republik als unausweichlich, fast als selbst verschuldet zu betrachten: die unvollständige, weil «verratene» Revolution; die unvollständige Niederlage, die der «Dolchstoß»-Legende Vorschub leistete; die verfehlte Verfassungskonstruktion, die in einer «Demokratie ohne Demokraten» dem «greisen» Reichspräsidenten mit dem Notstandsartikel 48 der Verfassung eine verheerende Machtfülle zuwies; das Wahlrecht, das der Zersplitterung des Parteiensystems Vorschub leistete; die Verschwörung(en) der nicht entmachteten alten Eliten aus Adel bzw. Großlandwirtschaft, Militär oder Schwerindustrie; die überzogenen Forderungen der Gewerkschaften, die der Wirtschaft die Substanz entzogen; der überharte Frieden von Versailles, der die staatsloyalen Kräfte diskreditierte und dem Revisionismus Vorschub leistete.

Jeder dieser Faktoren war für sich nicht ursächlich für den Kollaps der Republik, sondern konnte seine Wirkung nur im Rahmen eines Ermöglichungszusammenhangs entfalten. Das war in erster Linie der schwierige, durch Kriegskosten und Kriegsniederlage zusätzlich dramatisch überlastete Prozess des Überganges von einer agrarisch geprägten zu einer industriekapitalistisch dominierten Gesellschaft. Damit war die Republik noch nicht zum Scheitern verurteilt. Aber aus europäischer Perspektive lag ihr Kollaps durchaus im Rahmen des Möglichen, des Erwartbaren – der Erfolg des Dritten Reiches dagegen nicht.

I. 1918–1923/24: Revolution und Konterrevolution

Im Spätsommer 1918 waren alle Hoffnungen des August 1914 auf einen kurzen, erfolgreichen Krieg verflogen, der die Nation innerlich einigen werde. Als Kaiser Wilhelm II. im August 1914 auf Anraten seines Reichskanzlers Theobald von Bethmann Hollweg den «Burgfrieden» ausrief, war das mehr als nur das Angebot der Versöhnung in der Stunde nationaler Not. Indem die Sozialdemokratie nicht unterdrückt, sondern in die gemeinsame Front dieses nationalen «Verteidigungskrieges» integriert wurde, sollte «eine Reform der Sozialdemokratie nach der nationalen und monarchischen Seite» eingeleitet werden, so das Kalkül des Reichskanzlers. Ein ähnliches taktisches Kalkül herrschte aufseiten der SPD, als sie am 4. August 1914 den Kriegskrediten zustimmte. Die rechte Mehrheit der Partei war entschlossen, die Bewilligung der Kredite zum Eintritt in eine die Kriegszeit überdauernde Integration in das bestehende System des Kaiserreichs zu nutzen.

Der nationale Konsens des August 1914 war von Beginn an brüchig und hielt nicht lange. Er war nur möglich geworden, weil angesichts der «Suggestion der Ereignisse», wie Clara Zetkin eingestand, und der nationalen Emotion dieser Tage die Kritiker auf der Rechten wie der Linken verunsichert waren. Sie meldeten sich wieder zu Worte, als erkennbar wurde, dass der Krieg nicht rasch zu Ende sein würde. Die radikale Rechte lehnte weitere Zugeständnisse an die SPD ab; die vom Reichskanzler praktizierte Form des Burgfriedens sei die «Plattform schwächlichen Willens», kritisierte Erich Ludendorff. Die radikale Linke der SPD warf der rechten Mehrheit Verrat an der internationalen Klassensolidarität und Friedenspolitik vor. 1917, mit der Gründung der Unabhängigen Sozialdemokratie (USPD) auf der Linken und der Vaterlandspartei auf der Rechten, hatten sich beide Radikalismen auch organisatorisch verselbständigt; angesichts der allgemeinen Kriegsnot fanden sie eine beträchtliche Massenunterstützung.

1917 trat auch die deutsche Innenpolitik in ein neues Stadium. Die Kriegszieldiskussion hatte die inneren Fronten verhärtet. Angesichts der unentschiedenen Kriegslage und hoher Opferzahlen hatte sich das Reich im Dezember 1916 einer ersten Friedensinitiative nicht verweigern können. Dabei standen sich zwei Motivlagen unvereinbar gegenüber: Entweder gelang es, auf der Basis einer Verständigung zu einem «Ausgleichsfrieden» zu gelangen, oder man gewann im Falle des Scheiterns dieser Initiative die Legitimation für eine Verschärfung der Kriegführung, die den «Siegfrieden» bringen sollte. Die 3. Oberste Heeresleitung unter Paul von Hindenburg und Erich Ludendorff stand für den letzteren Kurs: Durch eine «rücksichtslosere» Politik sollten die Munitions-, Ernährungs- und Stimmungskrisen überwunden, die Entente militärisch zum Einlenken gezwungen werden. Der auf Verständigung nach innen wie nach außen setzende Reichskanzler Bethmann Hollweg wurde gestürzt. Nicht durch weitere Zugeständnisse sollte die innere Geschlossenheit herbeigeführt werden, sondern durch eine energische Führung, eventuell gar durch eine Militärdiktatur. Doch vor diesem letzten Schritt schreckte Ludendorff wiederholt zurück.

Gegen die Verschärfung der inneren wie der äußeren Kriegspolitik bildeten sich zwei Oppositionskerne heraus: einmal die Mitte-Links-Parteien, die die Parlamentarisierung des Reiches betrieben; zum anderen die radikale Linke um USPD und Spartakusbund, die durch Massenstreiks im April 1917 und Januar 1918 das revolutionäre Ende des Krieges herbeiführen wollte. Beide Gruppen sahen ihre Chance gekommen, nachdem Ludendorff am 29. September eingestehen musste, dass der Krieg nicht mehr zu gewinnen war. Hatten die Mehrheitsparteien am 28. September die Parlamentarisierung als Voraussetzung für die «Herbeiführung eines Verständigungsfriedens» gefordert, drängte Ludendorff auf die sofortige Einleitung von Waffenstillstandsverhandlungen. Damit wollte er der Armee «die Schmach und Katastrophe einer Niederlage» ersparen und ihr Auseinanderbrechen verhindern. Er wollte zugleich, so beschrieb der bayerische Militärbevollmächtigte die Überlegungen, den «linksstehenden Parteien das Odium des Friedensschlusses» anlasten, in der Hoffnung, dass der Sturm der Entrüstung in der unvorbereiteten Bevölkerung die neue Regierung rasch hinwegfegen werde. «Später hofft man dann, sich wieder in den Sattel zu schwingen und nach altem Rezept weiter zu regieren.» Ähnlich entwickelte man in der Umgebung des Kaisers Pläne für eine «Revolution von oben», um «mehr Schultern mit der Verantwortung für den Ausgang des Krieges [... zu] belasten» und einen «günstigeren Frieden» zu erreichen.

Der Kampf um die innere Umgestaltung des Reiches wurde zusätzlich beeinflusst durch den amerikanischen Präsidenten Woodrow Wilson. In dem Notenwechsel zwischen der Reichsregierung und diesem wurde rasch deutlich, dass das Reich nicht verhandeln konnte, sondern militärisch kapitulieren musste, dass auch die Parlamentarisierung keinen milderen Frieden bewirken werde. Insofern ging es in den innerdeutschen Debatten nicht nur um die Frage, ob man weiterkämpfen oder zu welchem Preis man kapitulieren solle, sondern auch um die damit verknüpfte Entscheidung, wer die politische Verantwortung nach innen und nach außen übernehmen würde. Dafür bestanden drei Optionen: zum einen die «Revolution von oben», durch eine Verfassungsreform und die Übertragung der Regierungsverantwortung auf eine Koalition der Mitte-Links-Parteien; zum anderen die Revolution von unten, die die radikale Linke anstrebte, aber von der spontanen Erhebung der Soldaten und Arbeiter überrascht wurde; zum dritten der Staatsstreich, die Militärdiktatur, die den «Endkampf bis zum Äußersten», notfalls bis zur «Katastrophe», zu führen bereit war, um doch noch einen Verhandlungsfrieden zu erzwingen. Diese drei Optionen prägten den Verlauf der Entwicklung bis zum Kapp-Putsch 1920.

1. Die Revolution

Mit dem Versuch einer «Revolution von oben» begann die Konterrevolution noch vor der Revolution. Von Ende September bis zum 15. November 1918 gingen Regierung, Militär und Unternehmer durch eilige Zugeständnisse ein Bündnis mit der politischen Linken ein. Diese Konzessionen waren als Notmaßnahmen in der Krise gedacht, um eine Revolution von unten zu verhindern. Die anhaltenden Bemühungen, diese Zugeständnisse wieder zu revidieren, sollten die Geschichte der Weimarer Republik nachhaltig prägen.

Die Eröffnung der Obersten Heeresleitung (OHL), dass der Krieg nicht mehr zu gewinnen sei, traf selbst die zivile Regierung unvorbereitet. Der Öffentlichkeit wurde die Lage vorenthalten, um sie zum «Durchhalten» zu motivieren; ein innerer Kollaps hätte dem Reich jegliche Verhandlungsposition geraubt. Zwar waren die Militärs, allen voran Ludendorff, nicht bereit, zu kapitulieren und damit die Niederlage anzuerkennen; sie wollten aber auch nicht die politische Verantwortung für einen «Endkampf» übernehmen. Je deutlicher in den Verhandlungen mit Wilson wurde, dass der Waffenstillstand bzw. der Friede harte Bedingungen diktieren würde, desto lauter kritisierte die Durchhaltepartei die Regierung für ihr «schwächliches» Nachgeben. In einem Armeebefehl bezeichnete Ludendorff die alliierten Forderungen nun als «unannehmbar». Der Kaiser schwadronierte gar, an der Spitze seiner Armee nach Berlin marschieren und dort «aufräumen» zu wollen. Ludendorff plädierte jetzt für die Fortführung des Krieges, erreichte damit aber nur seine Entlassung am 26. Oktober 1918. Die Marineleitung dagegen entschloss sich zur gleichen Zeit zum demonstrativen «Todesritt» gegen England, womit sie den Aufstand der Matrosen provozierte, der die Novemberrevolution auslösen sollte.

Die Parlamentarisierung durch die Verfassungsänderungen vom 26./28. Oktober 1918 war eine kalkulierte, inhaltlich wie zeitlich als befristet verstandene Machtübertragung an die Linke. Noch am 29. September hatte die OHL den Vorschlag des Staatssekretärs des Äußeren Paul von Hintze aufgegriffen, durch die Einbeziehung «geeigneter Mitglieder» der SPD die Regierung auf eine breitere Basis zu stellen. Das sollte ausdrücklich keine «volle Parlamentarisierung» beinhalten. Am 30. September ordnete der Kaiser die entsprechende Umbildung des Kabinetts an. Insofern handelte es sich nicht um eine «parlamentarische Revolution», sondern die Reformen wurden von oben «gewährt». Die Mitte-Links-Parteien drängten seit Mitte September auf eine Parlamentarisierung, aber sie erzwangen sie nicht. Sie forderten nicht einmal die «volle» Parlamentarisierung, selbst die SPD nicht, sondern nur die «Berufung von Regierungsvertretern aus dem Parlament». Dass schließlich die Verfassungsreform über die ursprünglichen Intentionen der Reichsleitung wie der Mehrheitsparteien hinausging und den Reichskanzler vom Vertrauen des Parlaments abhängig machte, war nicht zuletzt dem Druck Wilsons zu verdanken. Noch wurde aber auch von der SPD die Monarchie nicht infrage gestellt. Als Max von Baden am 9. November eigenmächtig die Abdankung Wilhelms II. verkündete und das Amt des Reichskanzlers an Friedrich Ebert, den Parteivorsitzenden der MSPD, übertrug, hoffte er, so die Monarchie retten zu können. Ebert, der sich als «Konkursverwalter des alten Regimes» bis zum Zusammentreten der Nationalversammlung sah, versicherte, er werde das Amt im Rahmen der geltenden Reichsverfassung ausüben. Obwohl die SPD an diesem 9. November aus der Regierung austrat und die Regierungsgewalt für sich forderte, hoffte auch Ebert, durch eine Koalition aus SPD, Zentrum und Fortschrittspartei – nach Möglichkeit erweitert um die USPD – die Revolution von unten vermeiden zu können. Er war empört, als sein Parteifreund Philipp Scheidemann von einem Fenster des Reichstagsgebäudes die Republik ausrief.

Obwohl das Militär durch die Verfassungsreformen der zivilen und parlamentarischen Kontrolle unterstellt worden war, blieb die Heeresleitung faktisch ein unabhängiger Machtfaktor. Wilhelm Groener, Nachfolger Ludendorffs in der Heeresleitung, drängte auf die Abdankung des Kaisers, weil nur so die Armee «aus der Atmosphäre der Revolution möglichst» herausgehalten und als Machtinstrument erhalten werden könne. Am

10. November stellte er die Armee der provisorischen Regierung «zum Kampf gegen die Revolution, zum Kampf gegen den Bolschewismus» zur Verfügung. Ebert nahm das Angebot an, überzeugt, dass die Reichswehr «zu meiner Verfügung» stehen werde, obwohl die sich ihm nicht unterstellen, sondern nur mit ihm zusammenarbeiten wollte. Damit sprach Ebert eine Bestandsgarantie für Generalstab und Offizierskorps aus. Er brauchte diese, um die Bestimmungen des Waffenstillstandes auszuführen und acht Millionen Soldaten in Disziplin zu halten, begab sich aber gleichzeitig in eine Abhängigkeit von der OHL, ohne dafür mehr als eine Loyalitätserklärung zu erhalten. In der Folgezeit konnte die OHL erfolgreich die zaghaften Versuche der Regierung abwehren, das Heer einer zivilen Kontrolle zu unterstellen. Vielmehr machte die Radikalisierung der Revolution die Reichswehr zur unentbehrlichen Stütze der Regierung. Indem sie sowohl eine Weiterführung der Revolution wie eine unmittelbare Konterrevolution verhinderte, fühlte sie sich bald wieder stark genug, der Regierung eine Diktatur auf der Grundlage eines Bündnisses von SPD und Armee anzubieten.

Zur «Revolution von oben» gehörte auch die Zentralarbeitsgemeinschaft der Arbeitgeber und Gewerkschaften vom 15. November. Im Hinblick auf die bevorstehende Demobilmachung von Heer und Wirtschaft hatten die Unternehmer im Oktober die Verhandlungen in die Wege geleitet. Aber erst unter dem Eindruck der revolutionären Ereignisse waren sie bereit, auf die entscheidenden Forderungen der Gewerkschaften einzugehen. Jetzt erkannten sie diese als gleichberechtigte Verhandlungspartner an und gestanden ihnen den Achtstundentag und Betriebsräte in Betrieben mit mehr als 50 Beschäftigten zu. Das Abkommen wurde zu einer Bestandsgarantie für die Unternehmer und die kapitalistische Eigentumsordnung. Die Gewerkschaften setzten auf Sozialpartnerschaft, Parität und Mitbestimmung und verzichteten damit faktisch auf Sozialisierung. Neben Vorbehalten («wenn der Achtstundentag für alle Kulturländer durch internationale Vereinbarungen festgesetzt wird») hatten die Arbeitgeber die Kündigungsklausel gleich eingebaut. Enttäuscht von der schrittweisen Rücknahme der Zugeständnisse, ließen die Gewerkschaften das Abkommen zum 31. März 1924 auslaufen.

Ein weiteres Element der «Revolution von oben» war das Verharren der alten staatlichen Bürokratie in ihren Positionen. Sie stellte ihre Expertise zur Verfügung und erhielt dafür eine Bestandsgarantie; nur eine kleine Minderheit wählte den Rückzug, um nicht der Republik dienen zu müssen. Auch der Arbeitsstab der provisorischen Revolutionsregierung (Rat der Volksbeauftragten) bestand vorwiegend aus alten Beamten der Reichskanzlei, die aus Verantwortungsbewusstsein blieben oder die MSPD als Bündnispartner im Kampf gegen die Revolution zu instrumentalisieren suchten. Auch die «bürgerlichen Mitglieder» des alten Kabinetts wurden – mit Zustimmung der USPD – am 9. und 10. November 1918 als «technische Gehilfen des entscheidenden Kabinetts» im Amt belassen. Ihnen wie dem preußischen Kriegsminister und der OHL wurden Beigeordnete zur Seite gestellt, die der Kontrolle dienen sollten, diese Aufgabe aber nur in sehr begrenztem Maße erfüllten. Zudem begnügten sich MSPD und USPD mit der Leitung von Reichswirtschaftsamt, Reichsarbeitsamt und Reichsernährungsamt, da diese Politikfelder ihren traditionellen Interessen und Kenntnissen entsprachen. Erst nach den Wahlen zur Nationalversammlung im Januar 1919 rückten im Kabinett Scheidemann Sozialdemokraten auch in die Ministerien für Reichswehr, Wirtschaft und Justiz ein.

Als Minister neu berufen wurde am 15. November 1918 der liberale Staatsrechtslehrer Hugo Preuß (DDP), dessen Aufgabe die Ausarbeitung einer Verfassung war. Auch das war eine Vorentscheidung, denn damit ließ sich die MSPD auf die Perspektive eines liberalen Verfassungsmodells ein. Dahinter standen zwar auch Koalitionsrücksichten, vor allem aber fehlte der MSPD ein eigenes Verfassungskonzept. Ebert versprach am 25. November eine «sozialistische Demokratie», doch davon war nach den Beratungen über den ersten Entwurf von Preuß nichts mehr zu spüren: Dieser enthielt erwartungsgemäß keine sozialistischen Elemente, sondern eine Garantie des Eigentums und sah Enteignungen nur gegen Entschädigung vor. Am Ende musste die MSPD eingestehen, dass eine Reihe wichtiger Strukturmerkmale der Verfassung von einer bürgerlichen Mehrheit im Kabinett gegen sie durchgesetzt worden war; der Partei blieb nur noch übrig, ihre Zustimmung im Vertrauen auf «die lebendige Entwicklung» der Verfassung zu geben.

Die Revolution verdankte insofern ihren ersten Erfolg der Konterrevolution. Sie verdankte der Konterrevolution aber auch ihre Schwäche, weil diese den Erfolg so mühelos werden ließ. Da sich das alte Regime im Zeichen der Kriegsniederlage aus der Verantwortung zurückzog, stellte sich die Machtfrage nicht. Allerdings war die SPD auch nicht gewillt, die Machtfrage zu stellen. Sie wie die Gewerkschaften nahmen bereitwillig die Angebote an, um eine Revolution von unten zu vermeiden. Die schien nach den mühelosen Erfolgen ohnehin unnötig. Das geringe Ausmaß der Gewalt im November und Dezember 1918 angesichts eines fehlenden Widerstandes sowie die Versuche der SPD, die Revolution rasch zu beenden, begünstigten ihre Gegner, indem sie eine hohe Kontinuität von Personal und Strukturen bewirkten: in Staatsbürokratie und Militär, Parteien und Verbänden, Kirchen und Vereinen, Schulen und Universitäten. Es fand eine eng begrenzte Elitenerweiterung statt, aber kein Elitenaustausch.

Doch die Strategie der «Revolution von oben» ging nicht auf. Denn mit der Meuterei der Matrosen, dann der Soldaten und zuletzt der Arbeiter begann die Revolution von unten. Deren Revolte bestimmte die Phase bis zum 16./21. Dezember 1918 und verhinderte, dass die MSPD die Revolution «schließen» konnte, bevor sie eigentlich begonnen hatte. Ausgangspunkt der Revolte war die spontane Meuterei der Matrosen gegen das geplante Auslaufen der Flotte gegen England am 28. Oktober. Die kriegsmüden Matrosen, Soldaten und Arbeiter wollten die sofortige Beendigung des Krieges erzwingen. Sehr rasch trat indes neben das Ziel von Frieden und Brot die Forderung nach Umgestaltung der politischen und sozialen Ordnung. Seit dem 3. November breitete sich von Kiel die Bewegung über das Reich aus. Am 9. November war Berlin erreicht. Nur in München entstand am 7. November eine autonome revolutionäre Bewegung. Jetzt konnte sich die SPD der Entwicklung nicht länger entziehen. Als die «Revolutionären Obleute» in Berlin, die dem linken Flügel der USPD nahestanden, in Berlin mithilfe der Soldaten für den 10. November Wahlen zur Bildung von Arbeiter- und Soldatenräten durchsetzten, musste Ebert den Plan einer Fortsetzung der Koalition mit den bürgerlichen Parteien fallen lassen. Jetzt steuerte er auf eine Verständigung allein mit der USPD zu. In Verhandlungen, die die entscheidenden Fragen über die nächsten Schritte offenließen, wurde die Einsetzung eines paritätisch besetzten Rats der Volksbeauftragten beschlossen.

Damit war der Plan der Revolutionären Obleute durchkreuzt, von den Arbeiter- und Soldatenräten eine provisorische Revolutionsregierung einsetzen zu lassen. Als Ebert die Einigung auf der Vollversammlung der Arbeiter- und Soldatenräte verkündete, brach Jubel aus. Es wurde ein Vollzugsrat gewählt, wie die Linke forderte, aber er wurde auf Drängen der Soldatenräte paritätisch von MSPD und USPD besetzt. Doch der Vollzugsrat vermochte sich nicht zu einer revolutionären Gegenkraft zu entwickeln. Ende November war er, bedingt durch seine innere Schwäche, weitgehend entmachtet. Zugleich erkannte die Vollversammlung den Rat der Volksbeauftragten als provisorische Regierung an. Dieser war damit sowohl Leitungsorgan der Reichsregierung als auch Spitzenorgan der Rätepyramide und besaß eine doppelte Legitimation: aus der Revolution von oben wie aus der von unten. Als Regierung verfügte er über quasidiktatorische Macht; als Teil der Rätebewegung sah er sich deren Kontrollanspruch ausgesetzt. Diese Doppelstellung des Rats der Volksbeauftragten beschreibt sein politisches Dilemma. Hätte er sich als Revolutionsorgan an die Spitze der Rätebewegung gestellt und den Kampf gegen die «alten Kräfte» aufgenommen, wie es weite Teile der USPD erwarteten, hätte er den Bürgerkrieg gegen die Reichswehr riskiert, dessen Ausgang ungewiss war. Stellte er sich als Übergangsregierung im Namen von Ordnung und Wiederaufbau gegen die Linke, nahm er ebenfalls den Bürgerkrieg in Kauf, aber gegen die eigenen Klassengenossen. Die MSPD entschied sich gegen die Räte. Das mochte dem Bestreben geschuldet gewesen sein, die Verantwortung auf mehr Schultern zu verteilen, sowie der Hoffnung, im Inneren eine rasche Konsolidierung zu erreichen. Das Bündnis mit den Räten wäre ein Experiment mit ungewissem Ausgang gewesen. Deren radikales Potential hätte der Konkurrenz auf der Linken zugute kommen können, obwohl mehr der USPD als dem Spartakusbund.

Die Arbeiter- wie die Soldatenräte waren in dieser frühen Zeit mehrheitlich kein linksradikales Revolutionsorgan, sondern eher ein stabilisierendes Element und hätten keineswegs der Disziplinierung bedurft. Als Protestbewegung gegen Krieg, Hunger und Not standen sie neben den radikalen Parteien, gingen Bündnisse mit ihnen ein, waren aber nicht ein Teil derselben. Die Soldatenräte besaßen auf der unteren Ebene einen hohen Anteil an mittelständischen Mitgliedern; Sozialdemokraten oder gar Kommunisten waren eher schwach vertreten. Sie radikalisierten sich erst, als die OHL sie mit der Rückkehr des Feldheeres offen bekämpfte und im Januar 1919 mit Billigung durch Ebert und Reichswehrminister Gustav Noske zu entmachten suchte. Die Arbeiterräte in den Großstädten waren aus den Betrieben heraus gewählt worden, in kleineren Städten oft auf Volksversammlungen. Hier schlossen sie meist mittelständische, selbst bäuerliche Elemente ein, in den industriellen Zentren jedoch meist ausdrücklich aus. In vielen Städten gründeten sich als Abwehrbewegung Bürgerräte, auf dem Lande regional auch Bauernräte, die teils über Bürger- bzw. Bauernwehren verfügten. Da die Arbeiterräte im November 1918 mehrheitlich in der Hand des rechten Gewerkschaftsflügels waren, dominierte zunächst die MSPD. Der Spartakusbund, vom Ausbruch der Revolution überrascht, blieb in dieser Phase in den Räten insgesamt schwach. Von den 514 Mitgliedern des I. Reichsrätekongresses, der vom 16. bis 21. Dezember 1918 in Berlin tagte, gehörten etwa 300 der MSPD, 100 der USPD, nur zehn dem Spartakusbund, der Rest bürgerlichen Parteirichtungen an. Aufgrund dieses parteipolitischen Zuschnitts verstanden sich die Räte als Übergangsorgane für die Zeit des Machtvakuums, weniger als Klassenorgane der Arbeiterschaft; sie stimmten in übergroßer Mehrzahl für die baldige Einberufung einer Nationalversammlung, um ihr die Macht, die sie treuhänderisch übernommen hatten, rückübertragen zu können.

Der Übergang zur nächsten Phase, die bis zur Niederschlagung der Münchner Räterepublik Anfang Mai 1919 dauerte, vollzog sich abrupt. Sie war von einer Radikalisierung der Räte geprägt, die jetzt mehrheitlich der USPD zuneigten, aber durch ihren spontaneistischen Charakter keine organisierte Macht entfalten konnten. Indem die MSPD aus Furcht, die Räte könnten in die Hände der Linken geraten, diese entmachten wollte, trieb sie diese USPD und KPD erst in die Arme. Ihre Vorstellung, der Sozialismus werde zur Ausdehnung der Gestaltungsrechte und Interventionstätigkeit eines demokratischen Staates führen, war mit der Forderung der Räte nach autonomer Selbstorganisation und basisnaher Mitbestimmung unvereinbar. Während die MSPD ihren Übergangsauftrag betonte, der demokratisch nicht legitimierte Strukturentscheidungen verbiete, drängten jetzt die USPD und ein wachsender Teil der Räte auf die Klärung der Machtfrage, auch auf Kosten konstruktiver Problemlösungen. Obwohl die USPD-Volksbeauftragten die Einberufung der Nationalversammlung anfangs befürwortet hatten, wollten sie nun unter dem Druck des linken Parteiflügels deren Zusammentreten hinausschieben, um das Interregnum für Strukturreformen zu nutzen.

Das waren unvereinbare Positionen. Während die MSPD in sich geschlossen war und die Unterstützung von Reichsbürokratie und bürgerlichen Kabinettsmitgliedern erhielt, geriet die innerlich gespaltene USPD im Rat der Volksbeauftragten in die Rolle des Juniorpartners. Sie musste aus diesem ausscheiden, wenn sie ihre Machtposition nicht verlieren wollte, die in den Betrieben und «auf der Straße» lag. Am Zentralrat der deutschen sozialistischen Republik, der als oberstes Räteorgan vom Reichsrätekongress gewählt wurde, beteiligte sie sich schon nicht mehr. Er wurde von der MSPD allein gestellt. In der Regierungskrise vom 28./29. Dezember gab seine Stellungnahme den letzten Anstoß für den Rückzug der USPD aus der Regierung. Anlass für den Bruch waren die «Weihnachtskämpfe» in Berlin. Um ihre Soldforderungen durchzusetzen, nahm die Volksmarinedivision den Stadtkommandanten als Geisel und besetzte Stadtkommandantur, Reichskanzlei und Schloss. Es kam zu Schießereien mit Truppen der OHL, die die Regierung herbeigerufen hatte. Jetzt, als der Konsens von MSPD und USPD zerbrochen war, sah die radikale Linke um Karl Liebknecht und Rosa Luxemburg ihre Chance, den offenen Klassenkampf auszulösen. Sie gründeten am 1. Januar 1919 die KPD. Auf Massendemonstrationen riefen sie zum Sturz der Regierung auf und versuchten, diesen mit Waffengewalt zu erzwingen. Obwohl die USPD zu vermitteln suchte, lehnte die Regierung Verhandlungen ab, sondern suchte erneut die militärische Lösung, in deren Verlauf Liebknecht und Luxemburg am 15. Januar ermordet wurden.

Die MSPD hatte sich in die Hand des Militärs begeben, dessen Bedeutung durch die Kämpfe mit Polen in Oberschlesien zusätzlich gestärkt wurde. Da die Regierung das Militär nicht kontrollieren konnte, schwächte dessen radikales Vorgehen das Ansehen der Regierung weiter, nicht zuletzt in der Armee selbst. Die einsetzende Radikalisierung der USPD und der Rätebewegung wie ihre steigende Attraktivität für immer mehr enttäuschte Arbeiter war eher Folge als Ursache dieser innenpolitischen Kräfteverschiebung. Je mehr die Räte ihre Macht schwinden sahen, umso radikaler versuchten sie, ihre Ansprüche durchzusetzen. Von Berlin sprang die revolutionäre Unruhe auf das Ruhrgebiet über, wo am 9. Januar die Arbeiter- und Soldatenräte die sofortige Sozialisierung des Kohlebergbaus beschlossen, im Februar auf das mitteldeutsche Industriegebiet. Am 10. Januar wurde in Bremen eine Räterepublik ausgerufen. Massenstreiks in Oberschlesien und Württemberg folgten, im März ein Generalstreik in Berlin, im April im Ruhrgebiet. Der Generalstreik in Berlin wurde ebenso militärisch unterdrückt (1200 Tote) wie die Streikbewegung im Ruhrgebiet und die Räterepublik in München (über 1000 Tote). Damit war die erste Welle der revolutionären Kämpfe zum Abschluss gekommen, aber die MSPD stand vor einem Scherbenhaufen. Sie hatte ihr Versprechen eingehalten, die Transformation der politischen, Gesellschafts- und Wirtschaftsverfassung nur auf verfassungsgemäßem Wege durchzuführen. Dass erst die Klärung der Machtfrage diese Normen mit Leben erfüllen würde, hat sie nicht übersehen, sondern auf einen Lern- und Überzeugungsprozess gehofft. Daher wies sie die Versuche der Linken, die Machtfrage auf anderem Wege zu klären, mit aller Härte zurück. Indem sie im Januaraufstand gegen die relativ schwache radikale Linke mit militärischen Mitteln vorgegangen war, hatte sie den offenen Bürgerkrieg selbst provoziert. So wie die Rätebewegung jetzt zwischen den Behörden und der MSPD zerrieben wurde, so die MSPD zwischen den sich radikalisierenden Räten und den selbstbewusster agierenden alten Kräften. Nach den Wahlen zur Nationalversammlung am 19. Januar 1919 und erst recht nach dem Zusammentreten der Nationalversammlung am 6. Februar sah sie endgültig kein Recht mehr, Strukturreformen einseitig durchzusetzen.

Aber auch der KPD war es nicht gelungen, die Rätebewegung von innen zu erobern und sich an die Spitze der Bewegung zu setzen, auch wenn sie z. B. in den Räterepubliken in Bremen und München eine prominente Rolle spielte. In den meisten Fällen gaben die Betriebsräte und die USPD den Ton an. Letztere war und blieb der politische Repräsentant der Rätebewegung. Trotz ihrer Radikalisierung seit dem März 1919, die aus den betrieblichen Kämpfen um Mitbestimmung gespeist wurde (Betriebsrätebewegung), war es die auf Spontaneität und Dezentralisierung gerichtete Struktur, die die USPD gegenüber dem jeweils unterschiedlich ausgeprägten autoritären Zentralismus von SPD und von KPD auszeichnete. Hier sammelte sich der aus Not und politischer Frustration entstandene Aktionismus der Arbeiterschaft, um fast ebenso rasch zusammenzubrechen. Die parteiinternen Richtungen lähmten sich gegenseitig. Plädierte der linke, später zur KPD gehende Flügel für ein politisches und wirtschaftliches Rätesystem als Ersatz für das parlamentarische System, so sah der rechte, zur SPD zurückkehrende Flügel dieses als dessen Ergänzung. Als die Rätebewegung seit Juni 1919 abzubröckeln begann und Anfang 1920 von der historischen Bühne verschwand, begann auch der Niedergang der USPD. Mit der militärischen Niederschlagung der neuen Aufstände im Ruhrgebiet und in Mitteldeutschland im März/April 1920 sowie abermals in Mitteldeutschland im Frühjahr 1921, bei denen die KPD erneut eine spektakuläre, aber keine entscheidende Rolle spielte, war die Phase des militanten Bürgerkrieges vorerst beendet.

2. Die Verrechtlichung der Revolution: Die Verfassung

Auf die rasche Einberufung einer Nationalversammlung und die baldige Verabschiedung einer Verfassung drängten alle die Kräfte, die die Revolution so schnell wie möglich beenden wollten: SPD und Gewerkschaften, die Bürgerlichen sowieso, aber auch die große Mehrheit der Soldatenräte, sehr viele Arbeiterräte und anfangs selbst der größere Teil der USPD. Der Rat der Volksbeauftragten verabschiedete am 29. November das entsprechende Gesetz; der Reichsrätekongress legte den 19. Januar 1919 als Wahltermin fest. Die Wahlen, an denen erstmals auch die Frauen beteiligt waren und deren Ergebnis die Radikalisierung seit Anfang Januar noch nicht widerspiegelte, bestätigten die starke Stellung der SPD (37,9%). Sie ergaben aber keine linke Mehrheit, da die USPD nur 7,6% erhielt, sondern eine der bürgerlichen Parteien. Von diesen schnitten das Zentrum (19,7%) und die linksbürgerliche DDP (18,5%) am besten ab, die seit dem Oktober 1918 eine Koalition mit der SPD bildeten, die jetzt fortgesetzt wurde. Diese «Weimarer Koalition» stützte sich unter anderem auf ein in Deutschland neues soziales Bündnis: die Gewerkschaftsflügel der republikanischen Parteien SPD, Zentrum und DDP. Nicht zuletzt deshalb blieb die der Industrie nahestehende Deutsche Volkspartei abseits, obwohl sie 1917/18 mit den drei Parteien zusammengearbeitet hatte. So kam es nicht zu einem Bündnis der industriellen Eliten der Arbeitgeber und Gewerkschaften, das sich in der Zentralarbeitsgemeinschaft als Möglichkeit angedeutet hatte. Damit erledigte sich auch die Chance, den Primat industriegesellschaftlicher Entwicklung als Gründungskonsens der Republik zu verankern gegen die in ihren Machtpositionen eingeschränkten agrarischen Eliten, gegen ein in die Defensive schwenkendes Bildungsbürgertum und gegen einen seit dem Krieg marginalisierten gewerblichen Mittelstand.

Obwohl sie mit Abstand die stärkste Partei war, sah sich die SPD nach dem Bruch mit der USPD mangels jeder Alternative gezwungen, in der am 6. Februar in Weimar unter dem Schutz der Reichswehr eröffneten Nationalversammlung Rücksichten auf ihre bürgerlichen Partner zu nehmen. Ein weiterer Grund kam hinzu: Die Revolution hatte sich in den Ländern längst etabliert, ehe sie Berlin erreichte. Damit war nicht nur eine Vorentscheidung für den Erhalt der föderalen Gliederung gefallen, letztlich auch für das Fortbestehen Preußens, sondern alle Landesregierungen wehrten sich gegen eine Beschneidung ihrer Kompetenzen zugunsten des Reiches. Denn alle Parteien versuchten, ihre regionalen Bastionen zu behaupten. Das galt auch für die MSPD, obwohl die SPD traditionell Befürworterin eines zentralen Einheitsstaates war, wie für die USPD, die in Bayern, Bremen, Braunschweig oder Gotha dominierte und bis zu den Landtagswahlen in Preußen und Sachsen mit der MSPD den regionalen Rat der Volksbeauftragten bildete. Die Volksbeauftragten, mit Separatismusdrohungen angesichts einer erneuten «preußischen Diktatur» konfrontiert, konnten verfassunggebende Versammlungen in den Ländern nicht verhindern. In vier kleineren Ländern, darunter Baden, fanden die Wahlen zu diesen noch vor denen zur Nationalversammlung statt. Die USPD erlitt, außer in Bremen oder Gotha, überall eine Niederlage, und fast überall wurde die MSPD stärkste Partei. Zwar hatten beide in 17 Ländern zusammen eine Mehrheit, aber das waren mit Ausnahme Sachsens nur die kleineren. In den größeren Ländern ergaben sich aus den Landtagswahlen sozialdemokratisch-bürgerliche Koalitionsregierungen, sodass die MSPD in der Nationalversammlung auch Rücksicht auf die Machtverhältnisse in den Ländern nehmen musste.

Das am 10. Februar 1919 von der Nationalversammlung beschlossene Gesetz über die vorläufige Reichsgewalt schrieb die föderale Grundstruktur fort. Nicht zuletzt aufgrund des Widerstandes der Länder hatten die Volksbeauftragten einen Bundesstaat mit stark unitarischen Zügen abgelehnt, den der erste Verfassungsentwurf von Hugo Preuß Ende Dezember 1918 vorgesehen hatte. Damit entfiel auch die von Preuß vorgeschlagene

Reichsreform, mit der durch die Bildung von 16 «Gebieten des Reiches» vor allem Preußen zergliedert werden sollte. Doch dieses verlor lediglich seine verfassungsrechtliche Sonderstellung, die es im Kaiserreich besessen hatte. Die Reichsreform beschränkte sich schließlich auf die Gründung des Freistaats Thüringen, den Anschluss Coburgs an Bayern und Waldecks an Preußen. Ungeachtet der Bestätigung der föderalen Struktur stärkte die Nationalversammlung die Reichskompetenzen: «Reichsrecht bricht Landesrecht», vor allem im Bereich der Steuern, sodass – in Umkehrung der Verhältnisse im Kaiserreich – die Länder nun zu «Kostgängern» des Reiches wurden. Sie konnten zur Erfüllung der ihnen «obliegenden Pflichten» durch Reichsexekution gezwungen werden. Davon betroffen waren 1920 die thüringischen Staaten, 1923 Sachsen und Thüringen sowie 1932 Preußen. Den Ländern verblieb uneingeschränkt nur die Bildungs- und Kulturhoheit. Gleichwohl wurde die föderale Struktur für das Schicksal der Republik bedeutsam. Die Dezentralität begünstigte zunächst die Etablierung der radikalen Linken, bis hin zu den Volksfrontexperimenten in Sachsen und Thüringen 1923. Später beließ die unterschiedliche Verbotspraxis der NSDAP wichtige Freiräume; die Wahlen auf Länderebene ermöglichten ihr den Aufstieg zur Regierungspartei noch vor 1933. Umgekehrt sicherte die Regierungsbeteiligung im «Bollwerk Preußen» der SPD bis 1932 eine Machtbastion.

Bemerkenswert war, dass die Volksbeauftragten (wie die Nationalversammlung) das Misstrauen des Bürgerlichen Preuß gegenüber dem souveränen Volk teilten. Das allgemeine Verhältniswahlrecht – auf die Frauen ausgedehnt und auf ein Wahlalter von 20 Jahren abgesenkt – sollte jeder Stimme das gleiche Gewicht geben, lokale Wahlbündnisse und ungleiche Wahlbezirke verhindern. Doch der Reichstag als Repräsentant mehr des «numerischen» als des «wahren» Volkswillens sollte nicht zu mächtig sein; es sollte keine «Parlamentsdiktatur» geben. Dem Reichstag wurde ein starker Präsident entgegengestellt, der seine Legitimation ebenfalls aus der direkten Volkswahl bezog und nur auf Antrag des Reichstages durch Volksabstimmung abgesetzt werden konnte. Er verfügte über das Recht, den Reichstag aufzulösen und gegen diesen durch Neuwahlen an das Volk zu appellieren. Das machte ihn faktisch stärker als den Reichstag. Und er berief den Reichskanzler sowie auf dessen Vorschlag die Minister, die dann des Vertrauens des Reichtages bedurften. Die Regierung benötigte also ein doppeltes Vertrauen, des Präsidenten wie des Parlamentes.

Dieses System der wechselseitigen Kontrolle der Verfassungsorgane konnte nur funktionieren, solange diese handlungsfähig waren und kooperierten. Andernfalls kam es zur Blockade. Für diesen Fall verfügte der Reichspräsident mit Art. 48 der Reichsverfassung über eine Art «Reserveverfassung». Diese gab ihm die Möglichkeit, bei einer Gefährdung der öffentlichen Sicherheit den Ausnahmezustand zu verhängen und per Notverordnung zu regieren. Seine außerordentlichen Rechte leiteten sich auch aus dem Oberbefehl des Reichspräsidenten über die Reichswehr ab, da eine Reichsexekution oder das Vorgehen gegen «erhebliche» Störungen der öffentlichen Sicherheit und Ordnung «erforderlichenfalls mit Hilfe der bewaffneten Macht» erfolgen musste. Die potentielle Bedeutung dieses Notstandsrechtes erkannte die Mehrheit der Nationalversammlung nicht. Zwar konnte der Reichstag Maßnahmen des Reichspräsidenten aufheben – aber nur, wenn er selbst handlungsfähig war. Die präsidiale «Diktaturgewalt» wurde bereits in der Inflation auf wirtschaftliche Notstände ausgedehnt. Sie konnte jetzt auch geltend gemacht werden, wenn nicht der Staat insgesamt gefährdet, sondern eine wichtige Staatsaufgabe nicht mit den Mitteln der regulären Gesetzgebung zu erfüllen war.

Das Misstrauen gegenüber dem Parlament äußerte sich zudem in der Aufnahme plebiszitärer Elemente einerseits, korporativistischer Ergänzungen andererseits. Erstere waren Ausdruck der unmittelbaren Volkssouveränität. Da der Reichspräsident das Recht hatte, jedes vom Reichstag beschlossene Gesetz zum Volksentscheid zu bringen, wurde die Souveränität des Parlamentes als Repräsentant des Volkswillens eingeschränkt. Ebenso konnte ein Drittel der Reichstagsabgeordneten das Inkraftsetzen eines Gesetzes aufschieben und, sofern 5% der

Stimmberechtigten das bejahten, einem Volksentscheid unterwerfen. Ein Volksbegehren konnten 10% der Stimmberechtigten in die Wege leiten. Das korporativistische Element sollte auf berufsständischer Ebene die «wahren» Interessen des Volkes repräsentieren und in einer Hierarchie von Arbeiter- und Wirtschaftsräten bis zum Reichswirtschaftsrat organisieren. Dieser war am Gesetzgebungsprozess zu beteiligen, gutachterlich wie mit eigenem Initiativ- und Vertretungsrecht gegenüber dem Reichstag. Doch kam dieser Strang über den einflussarmen «Vorläufigen» Reichswirtschaftsrat nie hinaus.

Die Verfassung war ein «offener Kompromiss», der das relative Gleichgewicht zwischen den bürgerlichen und den Arbeiterparteien im Wahlergebnis von 1919 widerspiegelte und der eine Entwicklung nach beiden Seiten offenließ: zu einer sozialen, pluralistischen Republik oder zur autoritären, präsidialen Herrschaft. Das spiegelte sich auch im Grundrechtskatalog wider, der auf Verlangen der Volksbeauftragten eingefügt und von der Nationalversammlung erweitert wurde. Der Katalog war in fünf Teile gegliedert: Einzelperson, Gemeinschaftsleben, Religion und Religionsgesellschaften, Bildung und Schule sowie Wirtschaftsleben. Waren das eine die klassischen Menschen- und Bürgerrechte, so das andere Verfassungsaufträge, die den unterschiedlichen Interessen der Parteien entsprachen. Sie ließen eine geschlossene Konzeption vermissen; aber sie ermöglichten Reformen, ohne sie jedoch unmittelbar zu bewirken. Schon dass die Grundrechte nicht Grundlage der Verfassung waren, war bezeichnend. Bedeutsamer wurde, dass sie durch Notverordnung außer Kraft gesetzt werden konnten und, wie die Verfassung insgesamt, der Veränderbarkeit durch eine Zweidrittelmehrheit unterlagen. Dennoch wurden im Abschnitt zum Wirtschaftsleben die Grundzüge des Sozialstaates erkennbar: «Gerechtigkeit» als Grundlage «eines menschenwürdigen Daseins», Zusage der Sorge für den «notwendigen Unterhalt», wenn eine «angemessene Arbeitsgelegenheit» nicht bereitstand, Gemeinwohlverpflichtung des Eigentums, Verpflichtung zur Schaffung eines Arbeitsrechts und eines Sozialversicherungssystems, Mitbestimmung durch Arbeiter- und Wirtschaftsräte.

Doch manches, was als zukunftweisendes Reformversprechen erschien, diente eher dazu, die Revolution zu beenden. Der Rat der Volksbeauftragten hatte am 18. November 1918 die «sofortige» Sozialisierung der dazu «reifen» Industriezweige beschlossen und eine Kommission aus Sachverständigen eingesetzt, vor allem Vertreter der bürgerlichen Sozialreform. Aufgabe der Kommission war es jedoch, «unvernünftige Experimente» zu verhindern. Mangels politischer Rückendeckung legte sie am 7. April ihren Auftrag nieder. Eine zweite Kommission blieb 1920 ebenso erfolglos. Unter dem Druck von Räte- und Streikbewegung erließ die Nationalversammlung ein Sozialisierungsrahmengesetz sowie Sozialisierungsgesetze für den Kohle- und Kalibergbau wie für die Elektrizitätswirtschaft, die aber eines Ausführungsgesetzes bedurften. Die MSPD betrieb die Sozialisierung zu keiner Zeit ernsthaft, da sie befürchtete, dadurch das Land «in eine gefährliche Wirtschaftskrise» hineinzutreiben und «russische Zustände» herbeizuführen. Die MSPD und selbst Teile der USPD hielten die Sozialisierungsforderungen auch theoretisch für nicht plausibel: Sie sei nur im Stadium des Überflusses, nicht der Verarmung verantwortbar. Und (das mochte ein Vorwand sein) sie hätte den Alliierten einen Zugriff z. B. auf die Kohlengruben eröffnen können. Vor allem aber hatten weder SPD noch Gewerkschaften konkrete Vorstellungen, was Sozialisierung – eine ihrer traditionellen Forderungen – bedeuten solle: Verstaatlichung oder Vergesellschaftung? Enteignung mit oder ohne Entschädigung? In der Verfassung blieb somit nur die unverbindliche Formel der «Gemeinwirtschaft» übrig.

Wenn es den Notwendigkeiten des Kapitalismus entsprach, dass Wachstumsschwankungen und deren Begleiterscheinungen durch staatliche Intervention ausgeglichen wurden, dass Staat, Interessenverbände und Parlamente in einen stetigen Aushandlungsprozess eintraten, dann bot Art. 165 der Verfassung die Handhabe für die Verankerung eines «organisierten Kapitalismus» (Rudolf Hilferding). Obwohl angesichts der Unruhen verfassungsrechtlich mehr möglich gewesen wäre, ließ die MSPD die Chance zu einer grundlegenden Umgestaltung der Wirtschafts- und Eigentumsverfassung verstreichen. Das Betriebsrätegesetz von 1920 verankerte immerhin rudimentäre Mitbestimmungsrechte auf betrieblicher Ebene, aber die staatliche Zwangsschlichtung war mehr Einschränkung als Bestandsgarantie der Tariffreiheit. Die institutionellen Organisationsformen des sich ankündigenden Sozialstaates waren noch nicht gefunden: das Mischungsverhältnis von staatlichen, halbstaatlichen, selbstverwalteten und marktorientierten Elementen.

Erst im Gefolge des Kapp-Putsches von 1920 kam es zu dem, was SPD und Gewerkschaften vorgeschwebt hatte: der Grundlegung des Sozialstaates. Die vorläufigen Regelungen der Demobilmachung mussten jetzt in ordentliche Gesetzgebung umgewandelt werden. Das war vor allem das Verdienst des Zentrums-Sozialpolitikers Heinrich Brauns. Aufgrund der Verzögerungstaktik der Unternehmerseite, der beginnenden Inflation sowie sorgfältiger Detailarbeit konnten die Neuregelungen erst 1923 in Kraft treten. Das war, wie der Widerstand der Arbeitgeber zeigte, ein Stück «stiller Revolution». Aber die Reformen kamen zu spät, um der Radikalisierung der Arbeiterschaft entgegenzuwirken, um die Macht der Unternehmer zu begrenzen und um der SPD die benötigten Erfolge zu verschaffen.

3. Die Abwicklung des Krieges

Eine der größten Herausforderungen, denen sich die Nachkriegsregierungen gegenübersahen, war die Demobilmachung. Das bedeutete nicht nur die Rückführung der acht Mio. Soldaten. Infolge der Eingriffe in den Arbeitsmarkt, der Produktions- und Rohstofflenkung und der Bewirtschaftung der Nahrungsmittel musste eine ganze Volkswirtschaft demobilisiert werden. Bei Kriegsende lag die industrielle Produktion bei 60% von 1913; zwei Drittel davon waren in die Kriegsproduktion geflossen. Die agrarische Produktion lag bei 70% von 1913, die schon damals den Bedarf nicht gedeckt hatte. 2,4 Mio. Männer (18,5% der 13,2 Mio. Eingezogenen) waren gefallen, die 0,6 Mio. Witwen und 1,2 Mio. Waisen hinterließen. Zu versorgen waren 4,75 Mio. Verwundete, darunter 2,7 Mio. Invaliden. Ein weiteres Zehntel der Bevölkerung ging durch Gebietsabtretungen im Friedensvertrag verloren. Verstärkt durch das kriegsbedingte Geburtendefizit, sank die Bevölkerung des Reiches auf 63,18 Mio.

Der Waffenstillstand zwang zur raschen Demobilmachung der Mannschaften. Daher konnte deren Entlassung nicht mit der Reorganisation des Arbeitsmarktes koordiniert werden. Es drohte Arbeitslosigkeit größeren Ausmaßes in politisch schwieriger Zeit. Da viele Kriegsmaßnahmen zur Steuerung von Wirtschaft und Arbeitsmarkt mit Kriegsende automatisch ausliefen, fehlte der Regierung das geeignete Instrumentarium. Es begann das Regime per Notverordnung. Um die Soldaten schnell unterzubringen, wurde ihnen das Recht auf den alten Arbeitsplatz zuerkannt. Die Arbeitgeber mussten die Arbeitsplätze durch Entlassungen vor allem der im Kriege an die Stelle der eingezogenen Männer gerückten Frauen und Jugendlichen frei machen oder doppelt besetzen. Die Arbeitskräfte, die aus Friedensindustrien oder der Landwirtschaft in die Rüstungsindustrie umgesetzt worden waren, konnten jedoch nicht an ihre Arbeitsplätze zurückkehren, da diese im Krieg vernichtet oder infolge Rohstoff- und Kreditmangels noch nicht wieder eingerichtet worden waren.

Im Februar 1919 war der Höhepunkt der Krise auf dem Arbeitsmarkt erreicht. Heeresaufträge, die zur Nachfragebelebung eingeplant waren, entfielen wegen der alliierten Auflagen. Bauindustrie und Landwirtschaft lagen wegen des harten Winters brach. Kohle- und Rohstoffmangel sowie ausbleibende Nachfrage kamen hinzu. Die Regierung griff daher zu neuen Mitteln: Die Konversion von Rüstungsbetrieben, die Reparatur der Transportmittel, Notstandsarbeiten, «produktive Erwerbslosenfürsorge», Aufblähung des Personals bei Eisenbahn und Post u. Ä. m. sollten die Binnenkonjunktur anregen. Trotz des bescheidenen Mitteleinsatzes setzte Anfang 1919 ein Konjunkturaufschwung ein. Finanziert werden konnte das nur durch Staatsverschuldung und Inflation. Angesichts der Kosten des Krieges kam es darauf aber nicht mehr an: «Mehraufwand, rechtzeitig eingesetzt, [ist] billiger als Folge von Unruhen und Umsturz.»

Die Dauerhaftigkeit der Krise – vier Jahre Krieg und sechs Jahre Nachkrieg – gruben sich tief in den Erfahrungshaushalt der Zeitgenossen ein. Diese Dekade war von einem fast ununterbrochenen Ernährungsmangel geprägt. In den unteren Einkommensschichten bestand seit 1915 Unterernährung. Gegen Kriegsende und in der Nachkriegszeit waren vor allem städtische Angestellte und Beamte betroffen. Selbst Facharbeiter, sogar die Bergleute, hungerten noch 1920/21. Die Folge waren steigende Unfallzahlen und Krankenziffern (Tbc) oder Anfälligkeit gegenüber der Grippe-Epidemie 1918/19, der weltweit mehr Menschen zum Opfer fielen als den Kriegsereignissen. Nicht nur einzelne Sozialgruppen, sondern die Mehrheit eines Volkes lebte jahrelang unterhalb oder am Rande des Existenzminimums. In der Hyperinflation von 1923 herrschten erneut Ernährungsverhältnisse wie im Krieg. Die existenzielle Bedrohung, die man zunächst in Tod oder Hunger sah, verschob sich zunehmend zum vermeintlichen oder tatsächlichen «sozialen Tod» ganzer Sozialgruppen durch Revolution, Bürgerkrieg und Inflation. Adel und Bildungsbürgertum, Bauern und Mittelstand mussten (wie in ganz Europa) einen Erfahrungsprozess durchleben, den die Arbeiterschaft, in Deutschland auch die Katholiken, vor 1914 erfahren hatten: drohende materielle Enteignung, politische Majorisierung, rechtliche Deprivilegierung und kulturelle Marginalisierung.

Die Siegermächte bauten 1920/21 ihre Staatsverschuldung durch Sparmaßnahmen, Steuererhöhungen und Aufwertung der Währungen ab, also durch Deflation, und stürzten in eine Wirtschaftskrise. Deutschland blieb davon auf Kosten weiterer Inflation verschont. Mit ihrer Hilfe wurde 1922 ein industrielles Produktionsniveau von 80% des Vorkriegsstandes erreicht; im Zeichen der Hyperinflation brach es 1923 auf 40% ein und stieg 1924 erneut auf 80%. Hinzu kamen die Kosten des Friedensvertrages. Im Kriege hatten die Alliierten Patente oder Auslandsguthaben beschlagnahmt. Der Waffenstillstand forderte Sachlieferungen, z. B. Eisenbahnmaterial oder Zuchtvieh, die Goldreserven und die Handelsflotte; das Abtreten von 13% des Vorkriegsterritoriums bedeutete den Verlust von 15% des

Ackerlandes und 75% der Eisenerzvorkommen. Die Produktionskapazitäten von Roheisen sanken um 44, die von Stahl um 38 und die von Kohle um 26%. Für das Aufbringen der Reparationen waren Überschüsse in der Leistungsbilanz zu erwirtschaften. Eine Steigerung der Exporte setzte nicht nur den Import von Rohstoffen voraus, sondern auch den Zugang zu Auslandsmärkten, den die Alliierten zugunsten der eigenen Wirtschaft dem Reich zu versperren suchten. Um konkurrenzfähig zu bleiben, hätten im Reich die Lohnkosten gesenkt und der Konsum eingeschränkt werden müssen. Die dann zu erwartende Steigerung der Arbeitslosigkeit war politisch riskant. Die verfügbaren Handlungsoptionen waren jede für sich problematisch. Die Einsetzung eines «Friedensvertrags-Diktators», der den inneren Ausgleich bei der Aufbringung der Reparationen gewährleistete, scheiterte an den Alliierten wie an den deutschen Interessenten. Die Verweigerung der Reparationen hätte eine Wiederaufnahme des Krieges, die totale Besetzung oder die Abspaltung des Rheinlandes nach sich ziehen können. So schien nur der Handelskrieg durch inflationsfinanziertes Dumping übrig zu bleiben. Die kurzfristigen Erfolge führten aber zur Zerrüttung der Währung.

Bis ca. 1920 verlief die deutsche Inflation im europäischen Kontext «normal». Zur Finanzierung des Krieges hatte der Staat Geld geschöpft. Bis 1918 hatte sich die umlaufende Geldmenge um 1000% vermehrt, während die Gütermenge um 30% geschrumpft war. Durch Preis- und Lohnstopp war die Inflation zurückgestaut worden, doch hatte die Mark ca. ein Drittel ihres Wertes verloren. Zur Finanzierung der Konjunkturpolitik hielt das Reich an einem gemäßigten Inflationskurs fest, versuchte aber, mit kurzfristigen Erfolgen, durch die Erzberger'sche Steuerreform 1920 die Einnahmen zu steigern. Doch allein die Reparationen verschlangen 1920 20%, 1921 42% und 1922 29% des Reichshaushaltes. Der wachsende Vertrauensverlust in die Mark im In- und Ausland führte zur Flucht in Sachwerte und zum Rückgang der Sparleistung, bis die Mark als Tauschmittel funktionslos wurde. Damit verlor sie auch ihre innenpolitische Aufgabe, durch steigende Nominaleinkommen Verteilungskonflikte zu entschärfen. Schließlich zerrütteten die Kosten des Ruhrkampfes die Währung vollkommen, bis im November 1923 der Höhepunkt der Geldentwertung erreicht war. Am 15. November 1923 erfolgte dann der Währungsschnitt mit der Einführung der Rentenmark, der Umbau des Währungs- und Finanzsystems zog sich noch bis weit in das Jahr 1924 hinein.

Die Inflation führte zu einer enormen Vermögensumschichtung, die den Strukturwandel einer im Umbruch befindlichen Gesellschaft radikal beschleunigte: Sie begünstigte, wenngleich in sehr unterschiedlichem Maße, vor allem die dem industriellen Sektor zugehörigen Sozialgruppen. Hauptgewinner war der Staat, der sich seiner inländischen Kriegsschulden entledigte. Selbst nach der 1925 vorgenommenen Aufwertung der Ansprüche belief sich die Reichsschuld auf nur noch 4,8 Mrd. RM; 1919 hatte sie bei ca. 150 Mrd., am 15. November 1923 bei 191,6 Trillionen RM gelegen. Der zweite Gewinner war die Industrie. Sie hatte ihre kaum besteuerten Kriegsgewinne reinvestiert, und die Inflation tilgte alle Verbindlichkeiten (was die Position der Banken politisch schwächte). Zudem wurden ihr Sonderkonditionen eingeräumt, wie der Zugang zu billigen Reichsbankkrediten oder Devisen. Sie nutzte das zur Kartell- und Konzernbildung, d. h. zur Organisierung ihrer wirtschaftlichen und politischen Marktmacht.

Die Landwirtschaft war ein Kriegsgewinnler, aber überwiegend ein Inflationsverlierer. Dank der Schwarzmarktgewinne und der Geldentwertung hatte sie sich weitgehend entschuldet, konnte aber infolge fehlender Investitionsmöglichkeiten das Barkapital nicht in Sachkapital (z. B. Vieh, Boden) umwandeln, sodass es rasch zu einer neuen Schuldenkrise kam. Der gewerbliche Mittelstand war überwiegend ein Verlierer. Zwar überlebten Handwerk und Handel als Wirtschafts- wie als Sozialgruppen, Teile des Handwerks gar in guter Verfassung. Aber das Handwerk litt unter der gesunkenen Nachfrage, der Handel unter Preiskontrolle und Bewirtschaftungsmaßnahmen sowie der traditionellen Überbesetzung. Hausbesitzer konnten ihre Hypotheken tilgen, doch mangelnde Reparaturmöglichkeiten und Mietpreisbindungen ließen den Wert der Mieten 1923 auf ein

Fünftel des Wertes von 1913 absinken und beeinträchtigten den Substanzerhalt. Hart getroffen waren die Rentiers, die von Geld- und Aktienbesitz lebten. Sie wurden, so wie die Sparer insgesamt, fast durchgängig enteignet.

Die Arbeiter hatten seit Kriegsbeginn reale Einkommenseinbußen hinnehmen müssen. Vieles deutet aber darauf hin, dass sie bis 1920/21 ihr Reallohnniveau einigermaßen halten konnten. Trotz aller Einbußen bedeutete die Hyperinflation keinen anhaltenden Abstieg in ihrer Lebenshaltung, da sie sich aufgrund ihrer Organisationsmacht ihren Anteil sichern konnten. Anders die Angestellten. Obwohl sie sich gewerkschaftlich organisierten, verhinderte das ihren Abstieg in die Nähe der Arbeiterschaft nicht, stellte sie aber meist besser als die Beamten. Es fand eine deutliche Nivellierung zwischen «Mittelstand» und Arbeiterschaft statt, sodass Ersterem in seiner Lebenshaltung die Abgrenzung gegenüber dem Proletariat erschwert wurde. Verdiente 1913 ein höherer Beamter das Siebenfache eines ungelernten Arbeiters, so 1922 nur noch das Zweifache.

Die politische Bilanz der Inflation war noch dramatischer als die ökonomische. Die Sozialgruppen, die auf der Verliererseite standen (bzw. sich auf der Verliererseite sahen), schrieben die Schuld an ihrer Misere weniger dem Krieg zu, also dem Kaiserreich, sondern vielmehr den Kriegsfolgen, also Revolution und Republik. Denn die Republik war weder bereit, den durch die Inflation bewirkten (relativen) wirtschaftlichen Niedergang dieser Gruppen aufzufangen, noch, den damit verbundenen Statusverlust auszugleichen. Die Inflation schien zu vollenden, was die Revolution eingeleitet hatte: den endgültigen Sieg des industriekapitalistischen Gesellschaftsmodells.

4. Die Konterrevolution

Der konterrevolutionäre Widerstand war auch eine Antwort auf diese drohende fundamentale Richtungsentscheidung. Noch scheiterte er an seiner inneren Zersplitterung in Monarchisten, Jungkonservative, Militär und Adel wie an dem Fehlen einer Massenbasis. Wenn sich die konterrevolutionären Attacken

1920 und 1923 an außenpolitischen Ereignissen entzündeten, dann auch in der Erwartung, dass die Revision der Kriegsniederlage eine Revision der aus Niederlage und Revolution hervorgegangenen inneren Ordnung möglich machen würde. Doch war den monarchisch-restaurativen Kräften inzwischen mit der neuen Rechten eine radikalere Konkurrenz erwachsen, die ihre Kraft nicht aus der Nostalgie, sondern aus dem «revolutionären» Impetus einer «alternativen Moderne» bezog.

Unter den potenziell konterrevolutionären Kräften rangierte das alte Offizierskorps an erster Stelle. Die Reichswehrführung hatte im Weltkrieg gelernt, dass der industrielle Krieg nicht gegen die Massen zu führen war. Innere Geschlossenheit und Opferbereitschaft waren nur auf kooperativer Basis erwartbar, die man 1914 Burgfrieden, 1918 Volksgemeinschaft nannte. «Ordnung und Arbeit», «Arbeitszwang» und eine konservativ-patriarchalische Sozialpolitik nach dem Vorbild des Krieges sollten die innere Gesundung als Voraussetzung des äußeren Wiederaufstiegs ermöglichen. Unter dieser Voraussetzung war man bereit, mit der SPD zu kooperieren. Bereits im November 1918 wurden Pläne für einen «Gegenputsch» beim Einmarsch der zurückkehrenden Truppen in Berlin entwickelt, die Groener dem als Diktator vorgesehenen Ebert vortrug. Da dieser weder Ja noch Nein sagte, aber auch keine Konsequenzen zog, wurde das als «nicht ablehnend» gedeutet. Im März 1919 wurden erneut Pläne diskutiert, eine Diktatur mit SPD-Reichswehrminister Noske oder Ebert an der Spitze zu errichten.

Allerdings hatte die Armeeführung Schwierigkeiten, ihre Ordnungsaufgabe in den Unruhen wahrzunehmen, die sie selbst mit provoziert hatte. Es gab kaum zuverlässige Truppen. Nun begann die Zeit der Freikorps, die nach innen und außen Krieg führten: mal auf eigene Faust, mal auf Anforderung der Regierung gegen Räterepubliken, Arbeitermilizen, linke Aufstände und Streiks, gegen Polen, mal als «Fememörder». Die etwa 365 Freikorps mit zeitweilig über 400 000 Mann waren jedoch von sehr unterschiedlichem Charakter: elitäre Offizier-Freikorps, Studentenkorps, Bünde einer Landsknechts-Soldateska oder Freiwilligenverbände für den «Grenzschutz Ost». Viele dieser Verbände bildeten später den Kern der neuen Reichswehr. Ebenso viele stellten den Kern der Wehrverbände auf der politischen Rechten, die um 1920 Hunderttausende erfassten und eine stille Reserve der Reichswehr waren. Sosehr sie 1919/20 von der Reichswehr protegiert wurden, so schwierig waren sie von dieser unter Kontrolle zu halten.

Die Pläne einer Diktatur gewannen an Virulenz, als am 7. Mai 1919 die Friedensbedingungen der Alliierten offiziell übermittelt wurden. Ein großer Teil der Offiziere trat für die Wiederaufnahme der Kampfhandlungen ein. Als der Friedensvertrag nach erbitterten Debatten und Protesten am 28. Juni dennoch unterzeichnet wurde, hatte die Republik in ihren Augen versagt. Putschvorbereitungen vor allem jüngerer Offiziere wurden von der Reichswehrführung unterbunden, da sie wusste, dass eine Wiederaufnahme des Kampfes im Inneren kaum durchsetzbar und außerdem militärisch sinnlos war. Sie setzte ihre Position durch, den Friedensvertrag anzunehmen und die Republik zu stützen, weil es keine Alternative gab. Doch Anfang Juli 1919 drängte die Reichswehrführung Ebert und Noske erneut zur Errichtung einer Diktatur, weil das die Stellung der Reichswehr abermals aufgewertet hätte. «Wir müssen die Staatsgewalt repräsentieren, dann haben wir die Macht in Händen», brachte Groener es auf den Punkt.

Eine Reihe von hohen Offizieren akzeptierte diesen Kurs nicht. Walther von Lüttwitz, einer der ranghöchsten Offiziere im Reich und der Schutzpatron der Freikorps, versuchte, seine Mitgeneräle zum Widerstand zu gewinnen und eine Umbildung der Regierung, eventuell auch die Wahl eines neuen verfassunggebenden Reichstages zu erzwingen. Kanzlerkandidat war Wolfgang Kapp, der 1917 mit Admiral Alfred von Tirpitz die Vaterlandspartei zur Unterstützung einer entschlossenen Kriegführung und harter Kriegsziele gegründet hatte. Im August 1919 begannen beide mit ihren Vorbereitungen für den Putsch vom 13. März 1920, der ihren Namen trägt. Das «schwächliche» Nachgeben der Republik speiste eine emotionale Welle von rechts. Es begann eine Hetze gegen einzelne Politiker wie gegen die republikanischen Parteien: «Judenrepublik», «Dolchstoß» oder «Bonzokratie».

Organisationserfolge hatten die Putschisten vor allem in der Armee, doch keineswegs flächendeckend. Sie hofften, durch die Autorität Lüttwitz' werde die gesamte Armee zu ihnen übergehen. Doch selbst die Deutschnationalen und der Alldeutsche Verband hegten Zweifel an den Erfolgsaussichten eines Putsches. Sie erhofften sich eine Mehrheit bei den kommenden Reichstagswahlen; zudem stand die Wahl des Reichspräsidenten an (die wegen der innenpolitischen Ereignisse verschoben wurde), für die man Hindenburg als «Ersatzkaiser» aufstellen wollte: also eine «legale» Machtergreifung mit anschließender Transformation. Doch Pressekampagnen, die nationalistische Stimmung an Schulen und Universitäten, in der Beamtenschaft und der evangelischen Kirche, der Sturz des wegen seiner Rolle bei der Annahme der Waffenstillstands- wie der Friedensvertragsbestimmungen verhassten Ministers Matthias Erzberger ließen die putschbereiten Kräfte an breiten Rückhalt glauben.

Ausgelöst wurde der Putsch durch das Inkrafttreten des Friedensvertrages am 10. Januar 1920, der die Frage nach der Auslieferung von 895 Kriegsverbrechern und den weiteren Abbau des Heeres spruchreif machte. Lüttwitz trug am 10. März Ebert ein «Ultimatum» vor. Er wurde entlassen, aber nicht verhaftet und besetzte am 13. März mit der Marinebrigade Ehrhardt das Regierungsviertel. Die meisten hohen Offiziere waren, trotz aller Gerüchte, überrascht, erkannten rasch die geringen Erfolgschancen. Aber kaum einer war bereit, gegen die Putschisten vorzugehen. Bei allen herrschte die Angst, die Armee könne in dieser Situation auseinanderbrechen. Der Chef der Heeresleitung, Hans von Seeckt, erklärte das Heer für neutral: «Truppe schießt nicht auf Truppe.» Damit machte er die Reichsregierung wehrlos, die zunächst nach Dresden, dann nach Stuttgart floh. Die Freien Gewerkschaften riefen zum Generalstreik auf, der weitestgehend befolgt wurde – außer in Bayern. Dort wurde die SPD-Regierung zum Rücktritt gezwungen und durch ein Kabinett unter dem monarchistischen Gustav von Kahr ersetzt. Da sich auch die Berliner Ministerialbürokratie weigerte, den Anordnungen Kapps Folge zu leisten, brach der Putsch am 17. März zusammen.

Die nach Berlin zurückgekehrte Regierung nutzte die Chance nicht, Reichswehr und Behörden von radikalen Gegnern der Republik zu säubern. Der Generalstreik radikalisierte sich und artete regional zum Bürgerkrieg aus, als in Sachsen und Thüringen Selbstschutzeinheiten der Arbeiterschaft zum Angriff übergingen und sich im Ruhrgebiet eine «Rote Armee» bildete. Obwohl dort im Bielefelder Abkommen am 24. März ein Kompromiss erzielt schien, indem u. a. ein Regierungsprogramm auf gewerkschaftlicher Basis zugesagt worden war, traten die Arbeiter in den Streik. Die Regierung ließ daraufhin ebendie Heerestruppen und Freikorps einrücken, auf deren Loyalität sie während des Putsches nicht hatte rechnen können. In dem gnadenlos geführten Kampf wurde die «Rote Ruhrarmee» innerhalb weniger Tage besiegt, mit über 1000 Toten. Wieder hatte die Linke die Armee gerettet, obwohl der Putsch eines Teils der Armee den Aufstand erst provoziert hatte.

In den Juni-Wahlen 1920 gingen die Stimmenanteile der Parteien der Weimarer Koalition von 76,2 auf 43,6% zurück. KPD/USPD legten auf 20% zu, die DNVP auf 15,1%, die DVP noch deutlicher auf 13,9%. Die Wahlen markierten den Beginn einer Verschiebung im Parteienspektrum. Waren die Wahlen zur Nationalversammlung noch durch eine (gebrochene) Kontinuität des Parteiensystems gekennzeichnet, so hatte sich 1920 auf der Linken die KPD endgültig etabliert. Auf der Rechten waren um 1920 mindestens 74 neue Bünde und Parteien entstanden, die aber noch keine Massenbewegung darstellten. Zu ihnen gehörte auch die am 5. Januar 1919 gegründete Deutsche Arbeiter-Partei, aus der nach der Niederschlagung der Münchner Räterepublik die NSDAP hervorging.

Der neuen Rechten gemeinsam war die Ablehnung der «alten» Ordnung monarchisch-adeliger Arroganz, bürgerlich-kapitalistischer Kaltherzigkeit oder sozialistischer «Humanitätsduselei». Die Bewegungen empfanden sich als revolutionär. Aus ihrem Hass speiste sich militante Gewalt. Die semantischen Schnittmengen mit den Konservativen waren erheblich: Ordnung und Disziplin, Volk und Nation, Führertum und starker Staat, organische Gemeinschaft und soziale Hierarchie, Antikapitalismus, Antisozialismus und Antisemitismus. Zugleich gab es Berührungspunkte zu bürgerlichen Auffassungen: Herrschaft der Eliten über die kulturlosen Massen, Führerauslese durch Leistung, technokratische Optimierung von Mensch und Gesellschaft, Wirtschaft und Staat. Selbst zur Linken bestanden semantische Bezüge mit dem «nationalen Sozialismus»: Gleichberechtigung des Arbeiters, Wertschätzung der Arbeit, Einschränkung der privaten Verfügungsgewalt über das Eigentum zugunsten der Gemeinschaft. Jedoch bestanden (wie z. B. die Verbreitung der Idee einer «Volksgemeinschaft» im gesamten politischen Spektrum zeigt) keineswegs eindeutig zu benennende Differenzen zwischen Jungkonservativen, Völkischen und Nationalsozialisten. Die Jungkonservativen, eher elitär als populistisch, eher christlich als neuheidnisch-esoterisch, betonten den Primat des Staates; sie propagierten ein charismatisches Führertum, in dem jedoch der Führer «Diener» der Nation blieb. Ihr Nationalismus war integral; die Klassen sollten in der Volksgemeinschaft überwunden werden, die berufsständisch und hierarchisch gegliedert war. Den Völkischen gemeinsam war die Betonung der Rasse gegenüber der klassischen Bürgernation. Der Rassenantisemitismus war nicht ein Teil der völkischen Ideologie, sondern deren Fundament. Rassen waren menschheitsgeschichtliches Schicksal, indem alle Kultur «schöpferisches Produkt des Ariers» war. Jeglicher Fortschritt der Kultur war an diesen geknüpft: durch die radikale Abwehr der «kulturzerstörenden», «parasitären» Rassen, besonders des Judentums, und durch die Schaffung eines «neuen Menschen». Hitler grenzte sich zwar von den Völkischen ab, die er als die «Alten» verachtete, doch wird man den Nationalsozialismus zu diesen rechnen müssen. Aber trotz aller Nähe war völkisch nicht gleich nationalsozialistisch. Vor allem der Anspruch des Staates auf den totalen Zugriff auf alle, die ihm angehörten, war weder mit (jung-)konservativen noch mit liberalen Vorstellungen von Freiheit und Individualität vereinbar.

Die NSDAP war zunächst ein Münchner Lokalphänomen. Die dortige Konzentration der radikalen Rechten war der Errichtung der «Ordnungszelle» Bayern nach dem Kapp-Putsch zu danken. Hier genoss sie den Schutz von Reichswehr (z.B. Ernst Röhm) und Polizei (z.B. Wilhelm Frick). Hitler unterschied sich kaum von seinen Mitstreitern in dem, was er sagte, wenn er über die «Schmach von Versailles», «Arbeiterschaft und Nation» und immer wieder über die «Judenfrage» sprach. Es war der Stil seines Auftretens, der seine Attraktivität ausmachte, ihm Gönner, Geld und Anhänger zuführte. Die aggressive propagandistische Präsenz in der Öffentlichkeit, das militärische Gepränge der Aufmärsche, die paramilitärische Uniform und Ausrüstung, die kompromisslose Brutalität wie auf dem «Deutschen Tag» in Coburg, einer Großveranstaltung völkischer Verbände im Oktober 1922, die zum Verbot der Partei in Preußen und den süddeutschen Staaten (außer Bayern) führte – das alles unterschied die NSDAP von den Zirkeln der deutschnationalen oder deutsch-völkischen Bewegungen, das machte Hitler über die Grenzen Münchens und Bayerns hinaus bekannt. Die NSDAP konnte sich zwar erst gegen Ende 1922 über Bayern hinaus organisatorisch ausdehnen, dann aber sog sie die anderen rechtsradikalen Grüppchen in sich auf. Sie war eine junge Partei mit relativ breiter sozialer Verankerung und erhielt, wie selbst die KPD 1923 eingestand, «starken Zulauf» von Arbeitern; besonders in Mitteldeutschland liefen organisierte Arbeiter und Mitglieder der freien Gewerkschaften «scharenweise» zu Stahlhelm und NSDAP über.

Hitlers Stunde schien gekommen, als die französische Besetzung des Ruhrgebietes wegen ausgebliebener Reparationslieferungen 1923 zu einer neuen nationalistischen Welle führte. Noch ehe die Regierung Stresemann den Kampf abgebrochen hatte, übernahm Hitler am 25. September die Oberleitung der Kampfbünde und gab die Losung aus: «Nicht gegen die Franzosen, sondern gegen die Novemberverbrecher in Berlin.» Zeitgleich riefen in der Pfalz und im Rheinland separatistische Strömungen «autonome Republiken» aus. In Küstrin putschte eine Zeitfreiwilligenformation der «Schwarzen Reichswehr». Die KPD bereitete auf Anweisung aus Moskau Putschversuche in Sachsen und Thüringen vor, wo sie mit der SPD Volksfrontregierungen einging und ihre «proletarischen Hundertschaften» mobilisierte. Als die Reichsregierung am 23. Oktober die Reichswehr in Sachsen einmarschieren ließ, zog die KPD zurück; nur in Hamburg kam es zu einem erfolglosen Aufstandsversuch. Zwar scheute die Reichswehr vor einem entschlossenen Kampf gegen die Bedrohung aus Bayern zurück; zumindest verhinderte sie aber einen Bürgerkrieg zwischen rechten bayerischen und linken mitteldeutschen Gruppierungen. Auf einer Veranstaltung zum 5. Jahrestag der Revolution im Münchner Hofbräuhaus brachte Hitler den Generalstaatskommissar, den Reichswehrkommandanten und den Polizeichef in seine Hand und verpflichtete sie auf die Unterstützung seines Putsches. Doch trotz mancher Sympathien und Hilfestellungen war ihm nur eine dienende, aber keine führende Aufgabe zugedacht. Der Putsch scheiterte am 9. November im Kugelhagel von Reichswehr und Polizei vor der Feldherrnhalle.

Dass die Republik nach dem Abbruch des passiven Widerstandes im Ruhrgebiet nicht zusammenbrach, verdankte sie erneut dem Bündnis Eberts mit der Reichswehr. Am 9. November 1923, dem fünften Gründungstag der Republik, übertrug der Reichspräsident die Exekutivgewalt an den Chef der Heeresleitung, General von Seeckt. Während Ebert bereit war, nicht nur gegen die KPD, sondern selbst gegen Teile der eigenen Partei Militär einzusetzen, um die Republik zu retten, rettete die Armee zwar die Republik vor den Putschversuchen von KPD und NSDAP, doch nicht um der Republik, sondern um des Reiches und ihrer selbst willen. Aber zum Erhalt des Reiches war sie auf die republikanischen Parteien angewiesen. Zu denen gehörten jetzt auch Teile des nationalen und konservativen Lagers (DVP und DNVP). Die DVP knüpfte unter dem Einfluss von Gustav Stresemann wieder an die Parlamentarisierungspolitik von 1917/18 an, indem sie ihre Vergangenheitsorientierung aufgab und sich «vernunftrepublikanisch» neu orientierte. Diese «ganz große» Koalition von der SPD bis zur DVP unter dem Reichskanzler Stresemann führte am Ende dieser Phase zu einer prekären Konsolidierung der Republik. Eine solche Parteienkonstellation war 1918/19 nicht möglich geworden, obwohl sich seinerzeit eine Kooperation zur Schließung der Revolution in der Nationalversammlung als möglich angedeutet hatte. Und sie blieb auch 1923 weiterhin zu fragil, um über die notgeborene Zweckkoalition hinaus zur dauerhaften Grundlage der Republik zu werden.

5. Der Kampf gegen den Frieden

Die Außenpolitik der Weimarer Republik stand unter dem Vorzeichen des Kampfes gegen den Versailler Friedensvertrag. Dessen Bestimmungen brachten insgesamt eine bis dahin unbekannt harte, in 434 Artikeln ausdifferenzierte Gesamtbelastung. Das war nur zum Teil auf die unkoordinierte Arbeit der Friedensdelegation zurückzuführen, sondern vor allem auf die widerstreitenden Interessen der Sieger, ihre historischen Vorerfahrungen («Revanche»), ideologischen Vorbehalte («preußischer Militarismus»), ökonomische Konkurrenz, die Sicherung der globalen Positionen gegenüber den USA und innenpolitische Zwänge zur Kompensation der Kriegsfolgen. Aber Deutschland war der Status einer europäischen Großmacht belassen worden. Mit Österreich-Ungarn und Russland waren gar zwei konkurrierende Großmächte ausgefallen. Das Reich verlor gut 13 % seines Territoriums, vor allem im Osten (Westpreußen, Posen, Danzig, Teile Oberschlesiens), dazu Elsass-Lothringen und Teile Schleswigs; das Saarland wurde auf 15 Jahre dem Völkerbund unterstellt. Damit verlor es zugleich Bevölkerung, Ackerland, industrielle Rohstoffe (Kohle) und Produktionskapazitäten (Eisen). Die Kolonien waren nur ein Statussymbol gewesen, allerdings das einer Welt- und nicht einer kontinentalen Großmacht. Und das Reich blieb ökonomisch eine Großmacht, trotz der Beschlagnahme der Auslandsguthaben oder der Handelsflotte und trotz der historisch neuen, umfangreichen Wirtschaftsbestimmungen. Die trugen der Tatsache Rechnung, dass dies der erste Massenkrieg zwischen industrialisierten Ländern unter Mobilisierung der gesamten Volkswirtschaften gewesen und dass ein moderner Krieg ohne industrielle Ressourcen nicht zu führen war. Doch viele Strafbestimmungen blieben dank britischer Fürsprache zeitlich begrenzt, um das Reich als Gegengewicht gegen

Frankreich und Russland und als Handelspartner zu erhalten. Andere Auflagen – wie die einseitige Abrüstung, die der erste Schritt zu einer allgemeinen Rüstungsbeschränkung sein sollte – hätten ein Verhandlungsvorteil sein können.

Hinzu kam auf deutscher Seite der Schock der nicht verarbeiteten Niederlage – zumal die Hoffnung auf einen Ausgleichsfrieden bis zuletzt wach geblieben war. Doch es wurde ein «Diktatfrieden». Das Kabinett sah «die schlimmsten Erwartungen weit übertroffen»; die wirtschaftlichen Verpflichtungen seien «vollständig unerfüllbar». Der Entente wurde, bis in die SPD hinein, der Wille zur «ökonomischen Erdrosselung» des Reiches durch Abdrängung vom Weltmarkt unterstellt, die Fortführung des Krieges mit anderen Mitteln. Reichskanzler Scheidemann erklärte den Vertrag für unannehmbar. Sein Kabinett, das je zur Hälfte für und gegen die Unterzeichnung votierte, trat zurück. Das neue Kabinett, geführt von Gustav Bauer (MSPD), erhielt ein Vertrauensvotum der Nationalversammlung für seine Auffassung, dass das Reich unter dem Druck des alliierten Ultimatums die Bedingungen annehmen müsse, ohne die Kriegsschuld anzuerkennen. Die Emotionen richteten sich weiter gegen die «entehrenden» Bestimmungen: die Auslieferung von 895 Personen, die wegen ihrer Verstöße «gegen die Gesetze und Gebräuche des Krieges» vor einem Militärgericht angeklagt werden sollten, darunter der Kaiser «wegen schwerster Verletzung des internationalen Sittengesetzes und der Heiligkeit der Verträge»; dazu die Beschränkungen der Souveränität durch Heeresverminderung, das Verbot moderner Waffen und Rüstungskontrolle, die Besetzung und Entmilitarisierung des Rheinlandes; die Wegnahme der Kolonien, die mit «Deutschlands Versagen auf dem Gebiete der kolonialen Zivilisation» begründet wurde. Alles das bündelte sich in dem erbitterten Kampf gegen die «Kriegsschuldlüge» in Art. 231, die nur juristische Legitimation für die Reparationen mehr gegenüber Wilson als gegenüber Deutschland sein sollte. Erst die deutschen Proteste hatten dazu geführt, dass die Kriegsschuld als moralisches Verdikt formuliert worden war. Und Art. 232 dehnte die Wiedergutmachung auf die leiblichen Schäden der Kriegsteilnehmer und die Einkommensausfälle der Familien der Kriegstoten und -verwundeten aus – eine Forderung Englands, das nur geringe materielle Schäden erlitten hatte.

Mit dem Verbot des «Anschlusses» Deutsch-Österreichs erzwangen die Alliierten den Verzicht auf das Selbstbestimmungsrecht: weil Deutschland nicht nachträglich gestärkt aus der Niederlage hervorgehen durfte. 1921 wurde bei der Volksabstimmung in Oberschlesien das für Deutschland günstige Ergebnis manipuliert; Polen erhielt das Zentrum des Industriegebietes, um das Reich weiter zu schwächen. Die Volksabstimmung in Schleswig führte zur Teilung, die im Saarland wurde erst 1935 durchgeführt, nachdem Frankreich bis dahin die industriellen Ressourcen ausbeuten durfte.

Aber auch die Sieger weigerten sich, die neue Ordnung anzuerkennen. Neben Frankreich suchten besonders Polen, Italien und Rumänien die militärisch erzwungene Nachbesserung. Insofern war der europäische Krieg nicht am 11. November 1918 beendet, sondern dauerte regional allemal bis 1920.

Der deutsche Revisionismus hatte Varianten, die sich nach ihren Zielen (Gleichberechtigung oder Hegemonie) wie nach ihren Methoden (Verständigung oder Gewalt) unterschieden. In einem waren sich die Protagonisten indes einig: Die Revision sollte schnell erzielt werden. Das war innenpolitisch populär, aber außenpolitisch zum Scheitern verurteilt. Man setzte auf die Differenzen zwischen den Siegermächten, ohne durch eigene Angebote diese Spaltung auszunutzen. So führte das Drängen auf Revision nur zur Verhärtung der Position Frankreichs, das allein aus innenpolitischen Gründen nicht zurückweichen konnte. Die Verweigerung war die Waffe des Schwächeren, die rücksichtslose Machtpolitik die Antwort Frankreichs.

Internationale Gleichberechtigung und außenwirtschaftliche Existenzsicherung waren der kleinste gemeinsame Nenner, auf den sich die verschiedenen Revisionismen bringen lassen. Aber es gelang der Republik nicht, sich auf einen pragmatischen Minimalkonsens ihrer Revisionsziele und eine Gesamtstrategie zu einigen. Vor allem auf der gemäßigten Rechten herrschten noch lange Illusionen, das Reich könne durch eine Schaukelpolitik die Großmächte auseinanderdividieren – auch mithilfe der Drohung, jeder harte Frieden werde zur Bolschewisierung des Reiches führen. Das war die Taktik des ersten Außenministers Ulrich Graf von Brockdorff-Rantzau für die Versailler Konferenz. Nachdem diese bereits in Versailles gescheitert war, formulierte Hermann Müller, der erste SPD-Außenminister 1919, die «Erfüllungspolitik»: Durch die «loyale» Erfüllung der Bestimmungen sollte deren Unerfüllbarkeit unter Beweis gestellt werden. Die Revision sei nur im Rahmen des Völkerbundes möglich und an zwei Voraussetzungen gebunden: friedliche Streitschlichtung und internationale Verflechtung durch Freihandel und Meistbegünstigung. Das war die Konzeption des «Wilson-Friedens» von 1918, wie man sie in Deutschland (miss-)verstanden hatte. Das war zudem das Programm des organisierten Pazifismus und stand insofern in der Traditionslinie der republikanischen Linken wie der Arbeiterbewegung.

Dieser Ansatz scheiterte schon innenpolitisch. Und dass mit Erzberger und Walther Rathenau zwei seiner führenden Repräsentanten ermordet wurden, verschärfte das Misstrauen der Alliierten. Damit erhielt die Katastrophenpolitik ihre Chance. Die «Maximalisten», die den Krieg in sein «zweites Stadium» treten sahen und den Frieden nur als «Provisorium» akzeptierten, glaubten, mithilfe einer Zerrüttung der deutschen Finanzen und Wirtschaft könnten die Sieger derart in Mitleidenschaft gezogen werden, dass sie zur Revision gezwungen seien. Diese Denkschule, die den Krieg als Wirtschaftskrieg fortsetzen wollte, war bereit, im Inneren riesige Opfer zu verlangen. Ihre Vertreter sahen in der Hyperinflation und im «Ruhrkrieg» 1923 ihre Chance gekommen, profitierten aber mehr von den Umständen, als sie diese zu steuern vermochten. Gerade diese Strategie mündete in eine «zweite Kapitulation», die ihre Protagonisten dann aber wiederum der Republik anlasteten.

Während gegen die «Kriegsschuldlüge» Professoren und Publizisten im «Krieg der Dokumente» ins Feld geführt wurden, wurde die Reparationsfrage zum eigentlichen Schauplatz der Revisionspolitik. Nach den Konfiskationen des Auslandsvermögens während des Krieges und den umfangreichen Sachleistungen im Rahmen des Waffenstillstandes waren jetzt einmalige und laufende Sachleistungen (Kohle für zehn und chemische Produkte für drei Jahre) zu liefern, vor allem aber Geldzahlungen. Da zunächst, so das Argument, der Gesamtschaden erhoben werden musste, wurde im Friedensvertrag die Höhe der Zahlungen nicht festgelegt. Das sollte bis zum 1. Mai 1921 erfolgen. Während die Sieger sich mühsam auf die Höhe ihrer Forderungen einigten, verzögerte die deutsche Regierung die Sanierung ihrer Währung, um die deutsche Leistungsfähigkeit zu verschleiern. Im Januar 1921 wurde von Deutschland ultimativ eine Gesamtsumme von 269 Mrd. Goldmark verlangt, zahlbar innerhalb von 42 Jahren. Als die Reichsregierung das ablehnte, wurden Düsseldorf, Duisburg und Ruhrort besetzt und zum nicht besetzten Reichsgebiet eine Zollgrenze errichtet. Im Mai reduzierten die Alliierten die Summe, auch in Folge eines verbesserten deutschen Angebotes, auf 132 Mrd. Goldmark. Das lag, bei Berücksichtigung der komplizierten Berechnungen und Zahlungsmodalitäten, in der Nähe der deutschen Offerte. Aber bei Siegern wie Besiegten überwog die Rücksichtnahme auf die selbst erzeugten innenpolitischen Erwartungen. Bei Nichtannahme innerhalb von sechs Tagen drohten die Alliierten mit der Besetzung des Ruhrgebietes; die Reichsregierung trat zurück. Zwar nahm der Reichstag mit 220:117 Stimmen die Bedingungen an, doch war das weder mit dem Willen zur Sanierung der Währung noch zur Bedienung der Schulden verbunden. Nach der Zahlung der ersten Rate folgte das Gesuch um ein Moratorium und um einen internationalen Kredit.

Dass Deutschland am 16. April 1922 mit Russland in Rapallo ein Abkommen schloss, in dem beide u. a. auf Reparationsansprüche verzichteten, statt auf der Konferenz von Genua zu einer Lösung der Reparations-, Wirtschafts- und Sicherheitsfragen beizutragen, schuf neues Misstrauen. Frankreich drängte auf Sanktionen und wollte das Moratorium nur gegen «produktive Pfänder» gewähren: die Abtrennung der linksrheinischen Gebiete und die Kontrolle des Ruhrgebietes. Als Deutschland im Dezember 1922 mit seinen Lieferungen in Rückstand geriet, besetzte Frankreich – mit belgischer Beteiligung, aber gegen das

Votum Englands – das Ruhrgebiet. Das Reich, militärisch wehrlos, reagierte mit der Ausrufung des «passiven Widerstands», des Generalstreiks gegen die Besatzungsmacht. Eine Welle der nationalen Empörung und Solidarisierung gegen die erneute «Vergewaltigung» erfasste die Bevölkerung, die die KPD als «revolutionären Faktor» zu nutzen hoffte. Sie versuchte vergeblich, eine Volksfront «von unten» selbst mit den Nationalsozialisten zu begründen, da die nationalrevolutionäre Parole ihr wirkungsmächtiger schien als die sozialrevolutionäre.

Frankreich reagierte mit Härte. Zusammenstöße und Racheakte der Besatzungsmacht forderten 132 Tote. 150 000 Beamte und Mitarbeiter der Eisenbahn, die dem Aufruf zum passiven Widerstand folgten, wurden samt ihren Angehörigen aus dem Ruhrgebiet ausgewiesen und mussten wie die von den wirtschaftlichen Folgen betroffenen 2 Mio. Arbeitslosen vom Reich unterstützt werden. Zwar war der passive Widerstand insofern erfolgreich, als Frankreich in Eigenregie weniger Kohle exportierte, als es vorher erhalten hatte, doch die Folgen für das Reich waren gravierender: Es musste abermals bedingungslos kapitulieren. Die Regierung Stresemann brach am 26. September 1923 den passiven Widerstand ab. Sie musste die endgültig zerrüttete Währung sanieren und damit den Weg für eine Regelung des Reparationsproblems ebnen. Aber: An den Verhandlungen, die 1924 zum Dawes-Plan führten, war das Reich beteiligt. Dieser kam dem Reich entgegen, indem die Jahresraten der Reparationen für eine Erholungsphase bis 1928/29 niedriger angesetzt und durch internationale Anleihen finanziert wurden. Da der Plan zugleich die Quellen festlegte, aus denen die Leistungen fließen sollten, wurden Verteilungskämpfe im Inneren vermieden. Die Reichsbahn musste als Sicherheit für die Anleihen durch Verfassungsänderung in eine Aktiengesellschaft umgewandelt werden; daher stimmte auf Druck von Industrie und Landwirtschaft die Hälfte der DNVP-Abgeordneten dem Plan zu, den sie zuvor als «neues Versailles» erbittert bekämpft hatten. Und ein weiterer symbolischer Erfolg war dem Reich beschieden: Frankreich musste das Ruhrgebiet bis Juli 1925 räumen.

Deutschland kehrte auf die internationale Bühne zurück. Der Dawes-Plan und nachfolgend der Locarno-Pakt 1925 waren ein zweiter Frieden, der jetzt ein Verhandlungsfrieden war. Das Reich mochte sich als moralischer Sieger fühlen. Doch der Preis war so hoch, dass Triumph gar nicht aufkommen konnte. Mehrere Regierungen waren über die Friedens- und Reparationsfrage gestürzt (worden), die Republik war zerrüttet und geschwächt; Inflation, Arbeitslosigkeit und verzögerter wirtschaftlicher Wiederaufbau hatten neben den enormen sozialen und ökonomischen Kosten die Feinde der Republik gestärkt: auf der Linken wie auf der Rechten. Dass das Kaiserreich den vierjährigen Krieg verloren hatte, wurde überschattet von dem Bewusstsein, dass die Republik den sechsjährigen Nachkrieg verloren hatte. Ihr wurde am Ende des zehnjährigen Ringens die Gesamtverantwortung zugeschrieben. Das Kaiserreich wurde in der verklärenden Erinnerung zum Höhe- und Endpunkt eines «goldenen Zeitalters»: der Zenit deutscher wirtschaftlicher, militärischer und wissenschaftlicher Weltgeltung. Und die Republik, das war die Krise, der nach innen und außen schwache Staat.

II. 1924–1930: Scheinblüte und Desorientierung

Die mittleren Jahre der Republik waren geprägt von einem trügerischen «Schein der Normalität». Nach dem Höhepunkt der Krise im November 1923 trat fast unvermittelt eine Beruhigung ein. Die Stabilisierung von Währung und Wirtschaft gelang; bis 1928/29 stiegen Produktion und Realeinkommen wieder auf das Niveau von 1913. Eine Lösung der Reparationsfrage schien in Sicht, und das Reich kehrte in den Status einer europäischen Großmacht zurück. Dennoch: In diesen «Goldenen Jahren» erfolgte die eigentliche Destabilisierung der Republik.

Jetzt begann die industriegesellschaftliche (Um-)Gründung der Republik, indem der Industrie in der Wirtschaftspolitik Vorrang eingeräumt und der Ausbau des Sozialstaates in Angriff genommen wurde. Die Sozialpolitik wurde zum Instrument der staatlichen Umverteilung von gesellschaftlichen Ressourcen, der Steuerung volkswirtschaftlicher Prozesse, der Intervention in private Lebensführung und soziale Strukturen. Das Chaos der zehn Jahre von Krieg und Nachkrieg hatte alle Bedeutungen von Tradition und Konvention infrage gestellt. Der tradierte Wertekatalog verlor an Verbindlichkeit, die klassischen Formen der sozialen Kontrolle wurden aufgeweicht oder zerstört. Der Mythos der Jugend, das Leitbild der «neuen Frau», die «Amerikanisierung» von Massenkonsum und -unterhaltung waren Anzeichen des beginnenden fundamentalen Wandels von Einstellungen und Verhaltensweisen. Dieser Wandel war in seinen Anfängen zweifellos älter, hatte aber durch den Weltkrieg eine enorme Beschleunigung und Verbreitung gefunden: durch die hohe geographische Mobilität der Arbeitsbevölkerung im Krieg, die männerbündischen Lebensformen der Soldaten, das gewalthaft-heroische Selbstbild der Männer, die Quasi-Kasernierung der Rüstungsarbeiterinnen in den Ballungszentren, die Abwesenheit der Ehemänner und Väter von ihren Familien, die selbst geschaffenen politischen Freiräume der Räte- und Streikbewegungen, die Selbstversorgung durch Schwarzmarktgeschäfte oder Felddiebstahl. All das hatte ein neues Selbstbewusstsein entstehen lassen, das sich in eine politisch, sozial und kulturell zutiefst gespaltene Gesellschaft einordnen musste, obwohl doch gerade diese Zerklüftung die Freiräume entstehen ließ, in denen die veränderten Ansprüche gelebt werden konnten.

Im Zeichen vermeintlicher Konsolidierung wurde jener Neustrukturierungsprozess sichtbar, der zur unbewältigten Herausforderung werden sollte. Zwar setzte sich – außer bei den Agrariern – immer mehr die Erkenntnis durch, dass der Ausbau des industriekapitalistischen Sozialstaates unvermeidlich war, doch die Konflikte um die Sozial- und Wirtschaftspolitik wurden mit ähnlicher Erbitterung wie in den Jahren zuvor fortgesetzt. Die hohe Zahl der Arbeitskämpfe nach 1924 zeigte, dass die sozialen Konflikte unvermindert anhielten. Aber sie verlagerten sich auf ein anderes Feld: das Tarifrecht. Es ging weniger um Lohnprozente als um gesellschaftspolitische Verteilungsentscheidungen. Wenn der realpolitische Flügel der Unternehmer 1926 der SPD und dem Allgemeinen Deutschen Gewerkschaftsbund die Kooperation anbot, dann um den Preis, dass diese den wirtschaftspolitischen Führungsanspruch der Unternehmer anerkannten und den Klassenkampf preisgaben. Darauf konnte die SPD angesichts der Konkurrenz durch die KPD nicht eingehen. Nur in der Schweiz war die Sozialistische Partei zu einem solchen Schritt 1927 bereit (die finnische in den 1930er-Jahren), die Gewerkschaften erst 1937. Der sich ausbildende Interventionsstaat, dem die Regulierung der Klassen- und Verteilungskonflikte zugekommen wäre, blieb für diese Aufgabe angesichts der politischen Spaltung der Gesellschaft und labiler Regierungen zu schwach. Er sah sich vielmehr Bestrebungen ausgesetzt, ihn zum Instrument dieser Klassenkämpfe zu machen.

Die ökonomischen und politischen Verteilungspositionen zwischen den sozialen Gruppen verschoben sich weiter. Doch angesichts der unüberbrückbaren Konflikte innerhalb des industriellen Sektors wuchsen die Chancen der Landwirtschaft, ihren Machtverlust in Grenzen zu halten. Denn die Industrie brauchte politische Partner gegen die Arbeiterschaft. Obwohl der Beitrag der Landwirtschaft zum Volkseinkommen mit 16% fast schon marginal geworden war, verfügte sie mit knapp einem Drittel der Erwerbstätigen über ein gewichtiges Wählerpotential. Das wurde verstärkt durch die Gruppierungen, die sich gleichfalls als Verlierer des industriekapitalistischen Sozialstaates sahen: Das Handwerk, der Handel, die freien Berufe und die Rentiers orientierten sich neu. In dem Maße, in dem die revolutionäre Bedrohung durch die Arbeiterschaft nachließ, traten die zentrifugalen Tendenzen in der bürgerlich-republikanischen Mitte stärker hervor. Sie verlor bei den Reichstagswahlen 1928 deutlich. Ebenso zerfiel das insgesamt gestärkte konservativ-nationalistische Lager, indem die Bauern wie der alte und neue Mittelstand eigene Parteien und Verbände ins Leben riefen. Die Zersplitterung der Parteien in den Jahren der relativen Stabilität ließ erkennen, wie sehr sich die Gesellschaft im Umbruch befand und neu orientierte. Koalitionen, die Großindustrie und

Großlandwirtschaft zusammenbanden, fanden ebenso wenig zu einem stabilen Konsens wie die Große Koalition 1928, die Arbeitgeber und Gewerkschaften vereinte.

Das Abflauen der teils bürgerkriegsähnlichen sozialen Kämpfe nach 1923/24 war kein Ausdruck von Stabilität. Die ideologische Militanz blieb. Das demonstrierten allein die symbolhaften Kämpfe, in denen sich die bis zum Hass gesteigerte Unversöhnlichkeit widerspiegelte: der Hochverratsprozess gegen Ebert 1925, der Flaggenstreit um das republikanische Schwarz-Rot-Gold oder das kaiserliche Schwarz-Weiß-Rot 1926, der Volksentscheid zur Fürstenenteignung 1926 oder der Kampf um den Panzerkreuzer «A» 1928. Mit der Unversöhnlichkeit wuchs die Bereitschaft zur Gewalt: zwischen den Lagern und Klassen, aber auch innerhalb derselben. Hatte bis dahin die Rechte mit den Wehrverbänden private Bürgerkriegsarmeen unterhalten, so gründeten 1924 SPD, DDP und Zentrum das Reichsbanner Schwarz-Rot-Gold, im gleichen Jahr die KPD den Roten Frontkämpfer-Bund. Auch die Verbände der Linken waren keine Traditionsverbände mehr, sondern Parteiarmeen. Außerhalb des «Saalschutzes» (bezeichnend genug für die Handgreiflichkeit der politischen Auseinandersetzungen) kamen sie noch nicht zum Einsatz. Doch ihre Existenz unterstrich, dass auch die demokratisch-republikanischen Parteien zunehmend die Erwartung preisgaben, die Probleme auf dem Wege des parlamentarischen Kompromisses lösen zu können.

Die Bereitschaft zur Gewalt reichte aber weit über das Feld politischer Auseinandersetzungen hinaus. Abgeleitet aus dem kulturkritischen Diskurs seit dem ausgehenden 19. Jahrhundert, entwickelte sich ein Elitekonzept, das nach 1918 in ganz Europa fast zwangsläufig antidemokratisch wurde in seinem «Hass auf die Massen». Gerade in der Zwischenkriegszeit kannte die Bereitschaft zur «Eindämmung» der Massen durch soziale Disziplinierung kaum eine gedankliche Grenze: Die Architektur versuchte, eine «rationale» Lebensführung durch die Gestaltung von Stadt- und Wohnraum («Wohnmaschine») zu erzwingen. Die Eugenik träumte davon (und zwar von links bis rechts), das «lebensunwerte Leben» durch Zwangssterilisationen und Euthanasie auszumerzen, um den «neuen Menschen» zu schaffen. Intellektuelle, selbst auf der politischen Linken, entwickelten Vernichtungsphantasien, die bis zur millionenfachen Tötung unerwünschter Bevölkerungsgruppen durch Giftgas reichten (z. B. G. B. Shaw, D. H. Lawrence). Die Grenze zur systematischen Tötungspraxis überschritten freilich nur die Sowjetunion und das Dritte Reich.

Es gehört zu den Widersprüchen der Zeit, dass der Bereitschaft zur Gewalt der Wille zum Amüsement gegenüberstand. Die Flucht in die «Unterhaltung» – begünstigt durch die neuen Medien Radio und Film, Massenpresse und Massenunterhaltung – setzte mit der «Tanzwut» 1918/19 ein, bei den Siegern wie den Verlierern des Krieges. Die Jazztänze gehörten zur Revolution 1918/19 wie der Walzer zu der von 1789 oder der Cancan zu der von 1830. Tanzsäle, Kinopaläste, Cabarets und «Tingeltangel», aber auch Vergnügungsparks, der Zuschauersport in Großstadien und Sportpalästen erlebten einen ungeheueren Aufschwung, gerade auch in Arbeiterkreisen und gerade in Krisenzeiten: der «Tanz auf dem Vulkan».

1. Konsolidierung im Zeichen des Bürgerblocks

Die Regierung Stresemann, die den Ruhrkampf abgebrochen und die Währungssanierung eingeleitet hatte, wurde am 23. November 1923 gestürzt und durch ein Minderheitenkabinett unter dem Zentrums-Kanzler Wilhelm Marx ersetzt. Dieses Kabinett aus Zentrum, DVP und DDP sowie zwei konservativen Parteilosen konnte sich nur halten, weil es mithilfe eines Ermächtigungsgesetzes die Geschäfte führte; die vollziehende Gewalt lag bei der Reichswehr. Nachdem die wichtigsten Maßnahmen durch Notverordnung durchgesetzt worden waren, verweigerte der Reichstag die Verlängerung des Ermächtigungsgesetzes und erzwang so Neuwahlen. Obwohl die KPD ihre Mandate durch den Übertritt von 17 Abgeordneten der linken USPD mehr als verdreifachte (12,5 %), erbrachte das Wahlergebnis einen markanten Rechtsruck. Die SPD erlitt eine vernichtende Niederlage und sank, obwohl der rechte Flügel der USPD zu ihr zurückgekehrt war, von 171 auf 100 Mandate (23,9 %). Die rechtsliberale DVP (9,2 %) gehörte ebenso zu den Wahlverlierern wie die linksliberale DDP (5,3 %). Das Zentrum kam als einzige der bisherigen Regierungsparteien ungeschoren davon (13,3 %). Die DNVP wurde stärkste Fraktion mit 105 Sitzen (20,3 %). Die rechtsradikalen Gruppierungen, die sich in der Deutsch-völkischen Freiheitspartei, einer Auffangorganisation für die verbotene NSDAP, gesammelt hatten, erreichten 6,5 %.

Die Abkehr von den bisherigen Regierungsparteien – der Weimarer wie der Großen Koalition – war ein Misstrauensvotum gegenüber deren Problemlösungskompetenz. Dennoch trug das Wählervotum zur Stabilisierung bei, weil die DNVP zur Mitarbeit in dem abgelehnten parlamentarischen System gezwungen wurde. Die hinter ihr stehende Großlandwirtschaft hatte erkannt, dass sie ihre Interessen nur in der Regierung verwirklichen konnte. Das war eine Kooperation unter Vorbehalt, solange sie von ihrer Schlüsselrolle profitierte. Aber es ermöglichte bis 1928 in verschiedenen Variationen den «Bürgerblock» von DDP, DVP, Zentrum, BVP und DNVP, teils mit Beteiligung der Letzteren, zumeist aber durch deren Tolerierung. Die Basis des Bürgerblocks war vor allem eine innenpolitische. In der Außenpolitik ersetzte die SPD die DNVP als Mehrheitsbeschaffer, sodass parlamentarisch faktisch zwei Koalitionen bestanden. Diese eigenwillige Konstellation führte die wichtigsten staatstragenden Kräfte zusammen, oberhalb des Parlaments zwar, aber doch im Rahmen der Verfassung: den Reichspräsidenten (und damit die SPD), die bürgerliche Mitte und die Reichswehr. Weder die SPD noch die DNVP und schon gar nicht beide zugleich waren an den Koalitionskern fest anzubinden. Es war keine Konstellation erkennbar, die Stabilität und Kontinuität in die Regierungsarbeit gebracht hätte.

Dennoch war diese informelle «ganz große» Koalition imstande, außenpolitisch die Weichen in Richtung Dawes-Plan und Locarno zu stellen und innenpolitisch die drängendsten Fragen der Sozialpolitik zu lösen – Letztere aber nicht im Parlament. Die Maßnahmen mussten durch Ermächtigungsgesetz verordnet werden, obwohl – wie die Dauerhaftigkeit der Regelungen zeigt – die Einsicht in deren Notwendigkeit vorhanden war. Es war das eigentliche Krisensymptom, dass keine der beteiligten Gruppierungen diese Maßnahmen durch parlamentarischen Kompromiss mittragen wollte, sondern auf eine Lösung durch Oktroi des Reichspräsidenten vertraute. Ebert unterzeichnete 136 Notverordnungen, Hindenburg 109. Diese Flucht der Parteien aus der Verantwortung verhieß für Krisenzeiten nichts Gutes. Sie waren nicht bereit und auch nicht in der Lage, durch Kompromiss für ihre Klientel nachteilige Entscheidungen mitzutragen. Häufige Regierungskrisen und neue Koalitionsverhandlungen waren die Folge. Das war nicht allein Resultat der im konstitutionellen System der Kaiserzeit erlernten Verhaltensweisen. Es war auch Ausdruck der klassen- und interessenpolitischen Spaltung der Gesellschaft in «oben» und «unten», in Industrie und Landwirtschaft. Diese Konfliktlinien waren im Kaiserreich politisch überdeckt worden: durch Repression der Arbeiterschaft einerseits, durch Bevorzugung der Landwirtschaft andererseits. Ein parlamentarisches System vermag klassenkämpferische Verweigerung der wichtigsten sozialen Großgruppen auf Dauer nicht auszugleichen – zumal in der Situation eines anhaltenden Patts zwischen den «Lagern». Erschwerend kam hinzu, dass die Republik nicht nur in politische «Lager» gespalten war, sondern auch innerhalb derselben ein tiefer Riss bestand. Dabei reichte der in der Arbeiterbewegung noch tiefer als der im bürgerlich-nationalen Lager zwischen Industrie und Landwirtschaft, zwischen Industrie und Mittelstand, zwischen Großagrariern und Bauern.

In dieser Situation kam der Person des Reichspräsidenten ausschlaggebende Bedeutung zu. Hier änderte sich 1925 Entscheidendes: Ebert starb. Es war symbolträchtig, dass er wegen eines Prozesses aufgrund seiner Rolle in den Januarstreiks 1918 eine Blinddarmoperation hinausgezögert hatte und dass der Miturheber der Dolchstoß-Legende sein Nachfolger wurde. Hindenburg, den die Rechte gegen den aussichtsreichen Kandidaten Wilhelm Marx vom Zentrum aufgestellt hatte, wurde im zweiten Wahlgang gewählt. Er siegte mit 14,5 gegen 13,7 Mio. Stimmen, weil die katholische BVP den konservativen Protestanten Hindenburg empfahl und nicht den liberalen Katholiken Marx. Zwar bemühte sich Hindenburg anfangs, sein Amt loyal auszuüben, doch begann mit ihm ein «stiller» Verfassungswandel durch die Betonung der präsidialen Elemente der Verfassung. Je häufiger die Koalitionsverhandlungen, desto intensiver seine Einflussnahme. Mit ihm bot sich die Perspektive einer Mehrheit gegen das parlamentarische System oder eines autoritären Präsidialregimes «oberhalb» der Parteien.

Diese Perspektive wurde akut, als sich ein Linksruck in der Wählerschaft abzeichnete. Erstes Indiz war der Volksentscheid über die entschädigungslose Enteignung der Fürsten vom 20. Juni 1926. 1925 war es zu einem von den Gewerkschaften vermittelten Bündnis zwischen SPD und KPD in dieser Frage gekommen. Die SPD schloss sich der KPD-Forderung nach Entschädigungslosigkeit an, verhandelte aber insgeheim mit der Regierung. Letztlich konnte sie sich weder für die eine noch die andere Seite entscheiden: Sie war und blieb «halb Koalitions-, halb Oppositionspartei», so wie sie sich nicht entscheiden konnte, ob sie linke Volkspartei oder Klassenpartei sein wollte. Das Volksbegehren fand Zustimmung bei 12 Mio. Wählern. Der Gesetzentwurf wurde mit 236:142 Stimmen im Reichstag abgelehnt; der Volksentscheid erzielte jedoch 14,5 Mio. Ja-Stimmen. Nicht genug, um zum Erfolg zu führen, aber ca. 3,5 Mio. Stimmen mehr, als beide Parteien sonst erwarten konnten. Der SPD war der Einbruch in neue Wählerschichten gelungen. Das verlieh ihr neues Gewicht, und es wäre eine Große Koalition möglich gewesen, hätte sie den Regierungsentwurf in der Entschädigungsfrage passieren lassen. Aber die Partei lehnte ab.

Da die Enthaltung von der Macht für die Konservativen in der Enteignungsfrage beinahe zur Katastrophe geführt hatte, rückte die DNVP unter dem Einfluss des Reichslandbundes (RLB), des landwirtschaftlichen Spitzenverbandes, wieder an die Minderheitsregierung Marx heran, zusätzlich gedrängt von Hindenburg angesichts der Gefahr einer großen Koalition. Sollte eine Rechtskoalition nicht zustande kommen, schlug Kurt von Schleicher, damals noch Chef der Wehrmachtsabteilung im Reichswehrministerium, zur Jahreswende 1926/27 vor, solle

Hindenburg eine «Regierung seines Vertrauens ohne Befragung der Parteien und ohne Rücksicht auf deren Wünsche» einsetzen und dieser «mit der Auflösungsorder in der Tasche [...] alle verfassungsmäßigen Möglichkeiten in die Hand geben, um sich im Parlament eine Mehrheit zu verschaffen». Noch konnte man darauf verzichten, weil es 1927 zur Neuauflage des Bürgerblocks mit der DNVP kam.

Der Linkstrend setzte sich jedoch in den Reichstagswahlen vom Mai 1928 fort. Mit 28,7% holte die SPD ein Traumergebnis. Die KPD steigerte sich auf 10,6%. Auf dem anderen Flügel verlor die NSDAP leicht (2,6%), erzielte aber regional, etwa in Schleswig-Holstein, um die 30%. Hauptverlierer war die DNVP, aber nicht zugunsten der radikalen Rechten, sondern zugunsten kleiner agrarischer Interessenparteien, die jetzt ihren Höhepunkt erreichten, und der mittelständischen Wirtschaftspartei. Die bürgerlich-republikanische Mitte zerbröselte: DVP, DDP und Zentrum verloren je fast zwei Prozentpunkte. Gegen die SPD konnte nicht mehr regiert werden. Doch war die Große Koalition keineswegs leichter geworden, da Teile von Zentrum und vor allem DVP erhebliche Vorbehalte hatten. Am Ende der Koalitionsverhandlungen stand ein von Stresemann vermittelter, gefährlicher Kompromiss: Ein «Kabinett der Persönlichkeiten» wurde gebildet, zu dessen Unterstützung die Parteien bis Anfang 1929 nicht verpflichtet waren; das Zentrum war nur durch einen Minister als «Beobachter» vertreten. Als Kanzler und Minister der SPD auf Druck der Fraktion gegen ihre eigene Regierungsvorlage zum Panzerkreuzer «A» stimmten, wäre die Koalition fast schon in den Anfangswochen zerbrochen. Zusammengehalten wurde sie vor allem durch die Außenpolitik. Bei den wirtschafts- und sozialpolitischen Fragen erwiesen sich die Gegensätze zwischen SPD und DVP als unüberbrückbar.

Das Wahlergebnis von 1928 führte dazu, dass die Mitte-Rechts-Parteien der Republik die Tolerierung aufzukündigen begannen, um sie nicht der Linken überlassen zu müssen. Die DNVP wählte 1928 mit Alfred Hugenberg einen Radikalnationalisten an die Spitze, der die Partei auf einen systemfeindlichen Kurs führte und beim Volksbegehren gegen den Young-Plan, der die Reparationszahlungen neu regelte, mit der NSDAP kooperierte. Darüber zerbrachen Partei und Fraktion. Im Zentrum übernahm mit dem Prälaten Ludwig Kaas ein Vertreter des rechten Flügels die Parteiführung. Damit trat der arbeitnehmerorientierte Flügel des Sozialkatholizismus in den Hintergrund, dessen Leitfigur Reichsarbeitsminister Brauns gewesen war. Als Stresemann 1929 starb, verlor die DVP ihren Hauptprotagonisten der Großen Koalition. Die Republik scheiterte jedoch nicht an diesen personellen Konstellationen, auch nicht am Verhältniswahlrecht. Das spiegelte nur die Des- und Neuorientierung der Wähler wider, war aber nicht die Ursache der Parteienzersplitterung, auch wenn es sie erleichterte.

Die relativ gute Konjunktur begünstigte die industriellen Sozialgruppen, sie verschlechterte aber die Lage der Agrarier wie der Inflationsgeschädigten weiter und vergrößerte den Abstand in Einkommen, Lage und Perspektive. Die anhaltenden Verteilungskämpfe führten zur Bildung neuer Parteien, die einen begrenzten Zweck verfolgten: etwa die der Hausbesitzer oder der «Aufwertungsgeschädigten», die eine höhere Aufwertung der Sparguthaben forderten als in der Währungsreform vorgesehen. Mit der Pluralisierung der Interessenlandschaft zerfiel gerade die bürgerlich-republikanische Mitte in klassenhermetische, d. h. politisch nach links bzw. sozial nach unten nicht koalitionswillige, zugleich in sich nicht lebensfähige Gruppierungen. Die Mittelstandsbewegungen vermochten aufgrund programmatischer wie organisatorischer Defizite keine ausreichenden Angebote zu machen. Sie wurden zu Durchgangsstationen zum rechten Flügel. Das erleichterte den Aufstieg der NSDAP als Volkspartei, wie deren Erfolge bei den Kommunal- und Landtagswahlen Ende 1929 zeigten, noch ehe die Tragweite der Weltwirtschaftskrise voll erkennbar war. Die SPD als klassengebundene Arbeiterpartei blieb für mittelständische und agrarische Wähler nicht akzeptabel, und als milieugestützte Klassenpartei konnte und wollte sie aufgrund der Konkurrenz der KPD eine Öffnung zur Mitte nicht riskieren. Eine vergleichbare Zersplitterung des Parteiensystems nach sozialen, ökonomischen und kulturellen Trennlinien, schwache und häufig wechselnde

Koalitionsregierungen, blockierte Parlamente und das Regieren durch Ermächtigungsgesetze oder Notverordnungen kannten fast alle Staaten Europas. Die Verwerfungen in den sich auflösenden oder neu ordnenden Klassengesellschaften ließen lagerübergreifende Bündnisse und Koalitionen nicht oder nur in einzelnen Ausnahmen zu. Zumal angesichts der hohen sozialen Begleitkosten war nicht zu erwarten, dass der krisenhafte Wandel von der agrarisch-monarchischen Ordnung zur industriell-parlamentarischen akzeptiert und im Konsens bewältigt wurde.

2. Die Organisation des Industriestaates

Nach den Jahren von Kriegswirtschaft, Inflation und Handelsdiskriminierung kehrte die Republik auch wirtschaftlich nach fünf Jahren zur «Normalität» zurück: 1928/29 erreichte das Volkseinkommen wieder den Vorkriegsstand. Doch dahinter verbargen sich deutliche Verschiebungen: zwischen den Sektoren der Volkswirtschaft sowie innerhalb derselben, in der Vermögens- und Einkommensverteilung, im Arbeitskräftepotenzial, in den wirtschaftspolitischen Präferenzen. Volkswirtschaftlich war die Republik ein Industriestaat: moderner, bürgerlicher – aber nicht in ihrer politischen Kultur. Die Industrie hatte nach ihrer Wertschöpfung die Landwirtschaft um 1880 überholt, nach der Zahl der Beschäftigten um 1895. Nach dem Krieg wuchs der Anteil von Industrie und Gewerbe am Volkseinkommen nicht weiter, er lag 1925 bei 48% und 1933 bei 42%. Der Anteil der Landwirtschaft betrug 1925 nur noch 16%. Der Dienstleistungssektor steigerte seinen Anteil am Volkseinkommen auf 38% 1933; zu dem Zeitpunkt hatte er nach Erwerbspersonen mit 28,9% die Landwirtschaft eingeholt. Deren Anteil an den Beschäftigten ging 1882–1933 von 43 auf 29% zurück; Industrie und Handwerk lagen um 40%.

Die Landwirtschaft in das neue Modell einer Industriegesellschaft zu integrieren erwies sich als schwierig. Ökonomisch hatte sie die Substanzverluste des Krieges nicht kompensieren können; sie verfügte weder über das Kapital noch, aufgrund der Denkweise der übergroßen Zahl ihrer Akteure, den Willen, sich den veränderten Bedingungen anzupassen. Die Jahre der Prosperität waren für sie eine Zeit der Depression. In fast keinem Jahr wurde die Vorkriegsproduktion erreicht. Das Pro-Kopf-Einkommen steigerte sich kaum, im Gegensatz zum allgemeinen Pro-Kopf-Einkommen, sodass sich die Differenz zwischen beiden verdoppelte (auf 44 %). Aber noch war die Landwirtschaft mächtig: politisch durch die Präsenz ihrer Angehörigen in den politischen und administrativen Eliten und durch ein stabiles Wählerpotential, kulturell infolge des Überhanges agrarischer Leitbilder und Werte, ökonomisch infolge der relativen volkswirtschaftlichen Verarmung durch Krieg und Friedensvertrag. Sie wurde gebraucht zur weitgehenden Selbstversorgung des Reiches mit Lebensmitteln, als Bollwerk gegen die städtischen Unterschichten, als Auffangbecken für die industrielle Arbeitslosigkeit, als konservatives Gegengewicht gegen urbane Dekadenz und Beliebigkeit.

Die schon um 1900 geführte Debatte, ob Deutschland ein Agrar- oder Industriestaat sei, lebte wieder auf. Die Agrarier beanspruchten die Gleichrangigkeit, waren aber jetzt aus ihrer Vetoposition verdrängt, die sie vor allem über Adelskammern und monarchische Protektion besessen hatten. Zudem konnte die adelsdominierte Großlandwirtschaft immer weniger auf die Gefolgschaft der Bauern rechnen, die sich politisch mit eigenen Bauernbünden emanzipierte. Ihr kam entgegen, dass die Industrie in sich ökonomisch und politisch gespalten war, sodass quer zu der ökonomischen Front das politische Bündnis von Großlandwirtschaft und Schwerindustrie fortbestand, das sich gegen die Linke lange vor 1914 gefunden und sich im Interesse des Machterhalts die wechselseitige Koexistenz zugesichert hatte. Aber dieses Bündnis hatte an Macht und Geschlossenheit verloren; dazu waren die wirtschaftlichen Interessen zu gegensätzlich. Zwischen diesen Blöcken sah sich der Mittelstand zerrieben. Doch trotz des anhaltenden Bedeutungsverlustes konnte sich das Handwerk behaupten, als Reparatur- und Installationsgewerbe vom Strukturwandel sogar profitieren, in der Elektro- oder Automobilbranche Fortschritte erzielen. Das zeigt die Zunahme der Beschäftigtenzahl, ebenso die Steigerung des Umsatzes um über die Hälfte 1924–1928. In der Masse der Betriebe blieb das Einkommen jedoch unter dem eines Facharbeiters. Not leidend blieb ein großer Teil des Klein- und Einzelhandels, dem neben den Konsumgenossenschaften der Arbeiter nun auch Warenhäuser und Versandhandel zusetzten.

Neu waren die seit dem Krieg und der Demobilmachung gesteigerten Interventionen des Staates in Wirtschaft und Gesellschaft. Anfangs noch als Notmaßnahmen betrachtet und daher in begrenztem Maße betrieben, waren sie deutlich intensiver geworden und hatten sich zunehmend verstetigt. Diese gewachsene Bedeutung des Staates bildete den Kern der Konflikte: ob Wohlfahrts- oder Klassenstaat, ob Bürgerblock- oder «Gewerkschaftsstaat». Staats- und Steuerquote spiegeln Umverteilungsentscheidungen zwischen sozialen Gruppen, volkswirtschaftlichen Sektoren, Produzenten und Konsumenten. Der Anteil der Staatsausgaben am Volkseinkommen war 1913–1925/26 von 15 auf 25% gewachsen. Entsprechend stieg der Anteil des Staatseinkommens am Volkseinkommen von 9% 1913 über 18% 1929 auf 23% 1932. Steuern und Sozialabgaben betrugen 1925–1929 zusammen 22–25% des Volkseinkommens. Diese Werte erreichten auch in England und Frankreich eine vergleichbare Größenordnung.

Doch die Verteilungsspielräume waren begrenzt. Denn gemessen an der Weltproduktion, blieb die deutsche Volkswirtschaft trotz absoluten Wachstums relativ zurück, auch wenn das Reich 1925/26 hinter den USA weiter den zweiten Platz einnahm. Die Industrieproduktion wuchs langsamer als vor 1914. Die Rationalisierung zwischen 1925 und 1928 schuf durch ihren Produktivitätsfortschritt Überkapazitäten und führte z. B. im Kohlebergbau zum massiven Abbau der Belegschaften. Die Rentabilitätslücke wurde vom Staat durch Subventionen geschlossen sowie durch Kartellisierung und hohe Preise aufgefangen. Auch der Export erreichte die Vorkriegswerte nicht mehr; Überschüsse wurden nur 1926 erzielt. Gleiches galt für die Leistungsbilanz, nicht zuletzt infolge der Reparationen. Die hohe Sockelarbeitslosigkeit, die Unsicherheit des Arbeitsplatzes, die durch die Inflation gesunkene Sparquote (10% statt 17%)

und die unter dem Vorkriegsniveau bleibenden Realeinkommen begrenzten die Binnennachfrage.

Vor dem Hintergrund musste die Republik drei Problemfelder bewältigen, die zentrale gesellschaftliche Verteilungsentscheidungen beinhalteten: die Sanierung der Währung (die Voraussetzung für Auslandskredite war) sowie eine Steuerreform zur Sicherung der Staatsfinanzen; die Zoll- und Handelspolitik nach dem Ende der Strafbestimmungen des Friedensvertrages; die Sozialpolitik. Dabei ging es zum einen um die Verteilung der Inflationsfolgelasten (zusätzlich zu den direkten Umverteilungswirkungen der Inflation); zweitens um soziale Bündniskonstellationen, d.h. Industrie und Arbeiterschaft gegen Landwirtschaft und Mittelstand oder «Sammlung» von Industrie und Landwirtschaft gegen Arbeiterschaft und Mittelstand; drittens um den Charakter der Republik als auf Konsens beruhender Sozialstaat oder konfliktorientierte Klassengesellschaft.

In der Finanz- und Steuerpolitik widersetzte sich das Finanzministerium unter dem parteilosen, aber Industrie und DVP nahestehenden Hans Luther einer Aufwertung der de facto enteigneten Ansprüche aus Kriegsanleihen, Aktien, Rentenbriefen oder Sparbüchern. Die Vernichtung dieser Guthaben durch die Umstellung 1 Billion Mark = 1 Reichsmark betraf Kleinsparer ebenso wie Banken, Versicherungen oder Gewerkschaftskassen. Bei einer Aufwertung hätten Staat und Industrie die fast vollständige Entschuldung durch die Inflation eingebüßt und die Entschädigung der Gläubiger mit neuer Verschuldung bezahlt. Doch das Reichsgericht erzwang die Aufwertung der Schuldtitel. Als die Regierung per Notverordnung möglichst billig davonzukommen versuchte, verweigerte der Reichstag die Verlängerung des Ermächtigungsgesetzes; er wurde im Mai 1924 neu gewählt. Die Rechtsverschiebung in den Wahlen stärkte die Aufwertungsbefürworter. Im Juli 1925 wurden Hypotheken auf 25% aufgewertet, Aktien oder Industrieobligationen auf 15%, Sparkassenguthaben gar nur auf einen Mindestsatz von 12,5%, wobei eine Schutzklausel die Kreditinstitute, nicht die Sparer begünstigte. Seine eigenen Altschulden begrenzte der Staat auf 12,5% und setzte die Verzinsung bis zum Ende der Reparationen aus. Zusätzlich bediente er sich durch drei einmalige Sondersteuern. Gesetze, die die Inflationsgewinne der Schuldner abschöpfen sollten, wurden nie realisiert. Dennoch musste der Staat für einen Ausgleich bei den Einnahmen durch den Abbau von Subventionen und Leistungen einerseits und Steuererhöhungen andererseits sorgen. Fast ein Viertel seiner Beschäftigten (396 900 Beamte, Angestellte und Arbeiter) wurde entlassen, vor allem bei Bahn und Post. Die verbliebenen Beamten und Angestellten, von der Inflation bereits hart betroffen, erhielten niedrigere Gehälter, die 1924 nach Kampfmaßnahmen zweimal erhöht werden mussten. Ein Reichssparkommissar organisierte den Abbau von Dienststellen. Bei der Steuerreform standen sich zwei Positionen gegenüber: Steuerentlastung der Wirtschaft, um deren Leistungsfähigkeit zu stärken, oder Steuerentlastung der Verbraucher, um den Konsum anzuregen. Die Regierung entschied sich für die industriefreundliche Lösung. Am härtesten betroffen waren mittlere und kleine Vermögen, obwohl der Mittelstand am meisten unter der Inflation gelitten hatte. Die Arbeiterschaft wurde belastet, indem die Verbrauchssteuern um 30–50% heraufgesetzt, die Lohnsteuern nicht gesenkt wurden.

Bei der Zoll- und Handelspolitik ging es um die Frage Schutz der Landwirtschaft oder Förderung des industriellen Exportes. Die Agrarzölle waren besonders umkämpft, da sie die Lebenshaltung verteuern und die Forderung nach höheren Löhnen auslösen, eventuell durch Gegenzölle den Export von Industriewaren erschweren würden. Der Reichstag beschloss 1925 – im Gegensatz zur Regierungsvorlage, die im Interesse der Reparationen den Vorrang von Exporten befürwortet hatte – ein Zollschema, das der Landwirtschaft entgegenkam. Agrarzölle waren der Preis, den DNVP und Agrarverbände für den Eintritt in das Kabinett forderten. Die Landwirtschaft und mit ihr die Schwerindustrie verfolgten dabei Ziele, die über handelspolitische Fragen hinausgingen. Sie wollten die wiedererlangte Handelsfreiheit zur kontinentalen Großraumwirtschaft unter deutscher Hegemonie ausbauen und den Bürgerblock interessenpolitisch abstützen. Die exportorientierte Industrie war indes immer weniger bereit, der Landwirtschaft eine Sonderrolle zuzugestehen. Ein Kompromiss kam 1925 erst zustande, als die Schwerindustrie ihr 50–100 Millionen Mark jährlich als Ausgleich für die Zollschranken zusagte.

Das Bündnis von Industrie und Landwirtschaft blieb brüchig. Die Schwerindustrie unterstützte das von Hindenburg geforderte «Osthilfe»-Programm, um die konservativen ländlichen Hochburgen zu stabilisieren. Die Exportindustrien hielten jedoch an dem Ziel fest, die Landwirtschaft dem Druck des Weltmarktes auszusetzen, um ein Sinken der Lebenshaltungskosten und damit der Lohnkosten zu erreichen. «Modernisierung» hieß das Zauberwort, ja «Industrialisierung der Landwirtschaft». Dafür wollte die Industrie über fünf Jahre 1 Mrd. RM zur Verfügung stellen. Doch die Weltwirtschaftskrise entzog dem Plan die Grundlagen, und nach dem Ende der Großen Koalition hatte die Landwirtschaft es nicht mehr nötig, die Bedingungen der Industrie zu akzeptieren. Aus dem Grund scheiterte auch der Versuch, der Landwirtschaft durch «Organisation» und «Marktregulierung» zu mehr Effizienz zu verhelfen. Die Gründung des Getreidemonopols war die letzte Aktion der Großen Koalition, wobei die SPD wieder einmal zur Stabilisierung ihrer Gegner bereit war, indem sie 1929 Zollerhöhungen und Subventionen zustimmte. Der durchaus «moderne» Vorschlag ihres Agrarexperten Fritz Baade, Schwankungen in Versorgung und Preisen durch Subventionen, Garantiepreise oder Quotenregelungen auszugleichen, kam über Ansätze nicht hinaus.

Ebenfalls 1928/29 endete auch die Bereitschaft der exportorientierten Industrie, zu einem Ausgleich mit den Gewerkschaften zu kommen. Mit der Forderung nach «Entlastung der Produzenten» durch Senkung der Lohn- und Lohnnebenkosten sowie der Steuern stellte sie den Sozialstaat infrage. In den meisten Industriestaaten stieg die Lohnquote (Anteil am Volkseinkommen) in der Zwischenkriegszeit um etwa 10 Prozentpunkte. In Deutschland nahm sie 1913–1929 von 46,4 auf 59,8% zu, wuchs in der Krise bis 1931 auf 61,2%, um bis 1939 wieder auf 55% zu sinken. In Großbritannien lag sie bei 55–57%, in Frankreich um 50%. Zugleich erhöhte sich der Anteil der Renten und Pensionen von 3% 1913 auf 20,7% 1932 (1936 11,8%). Mit dieser Verschiebung zu den Ausgaben für Konsum rückte die Sozialpolitik in den Mittelpunkt der Konflikte: als Kostenfaktor durch Steuersubventionierung und Lohnnebenkosten.

In der Sozialpolitik beherrschten drei Komplexe die Konflikte dieser Jahre, die typisch sind für industrielle Gesellschaften, die aber weniger als Kosten- denn als Machtfrage behandelt wurden: Arbeitszeit, Tarifpolitik und Arbeitslosenversicherung. Der Achtstundentag, in der Revolution zugestanden, wurde seit 1919 von den Arbeitgebern mit dem Argument zu hoher Lohn- bzw. Produktionskosten wieder infrage gestellt, besonders 1923. Obwohl die Regierung erneut den Achtstundentag per Notverordnung als Regelarbeitstag festschrieb, arbeiteten 1924 55% der Gewerkschaftsmitglieder mehr als 48 Stunden in der Woche. Trotz erbitterter Arbeitskämpfe war eine Reduktion der Mehrarbeit nur bei 45% der Beschäftigten zu erreichen.

In der Tarifpolitik konnten die Gewerkschaften in Zeiten des Bürgerblocks Erfolge erzielen, weil Arbeitsminister Brauns (Zentrum) ihnen den Rücken stärkte. 1919 war die staatliche Regelungskompetenz in Gestalt von Zwangsschlichtung und Verbindlichkeitserklärung von Tarifverträgen festgeschrieben worden, sollten die Arbeitsmarktparteien sich nicht einigen. 1924–1932 wurden 77 224 Schlichtungsverfahren durchgeführt und 3979 Verbindlichkeitserklärungen ausgesprochen. 1928/29 waren etwa zwei Drittel aller tariflich erfassten Arbeitnehmer von Schlichtungsverfahren betroffen, davon die Hälfte von Zwangsschiedssprüchen. In den Branchen, in denen die Arbeitgeber Tarifverträge schon vor 1914 akzeptiert hatten, wurde dagegen bis 1925 nicht ein Tarifvertrag für verbindlich erklärt. Anders sah es im Bergbau aus mit 96,2% Zwangsschlichtungen oder in der Metallindustrie mit 70,7%. Die Unternehmer warfen dem Staat vor, er betreibe Lohntreiberei, um die Arbeiterschaft ruhig zu halten («politische Löhne»). Es zirkulierte das Wort vom «Gewerkschaftsstaat».

Nachdem Rudolf Hilferding (SPD) 1925 auf die Bedeutung der Eroberung der politischen Macht hingewiesen hatte, da mit ihrer Hilfe Löhne oder Arbeitszeit maßgeblich mitbestimmt würden, zogen die Unternehmer den Schluss, man müsse die Gewerkschaften bzw. die SPD von der staatlichen Macht fernhalten, um durch Lohn- und Sozialabbau wieder zu erträglichen Kosten zu kommen. Doch obwohl die kollektive Lohnsumme stärker gestiegen war als der Produktivitätszuwachs, lag das individuelle reale Lohneinkommen infolge höherer Sozialbeiträge, Steuern und Abgaben unter dem Vorkriegsniveau (außer 1928/29). Um das Existenzminimum zu gewährleisten, stiegen die Löhne der Ungelernten daher stärker als die der Facharbeiter, die der unteren Beamten stärker als die der höheren. Allerdings erzielte die Arbeiterschaft innerhalb des Konsumentenlagers einen relativen Vorteil. Der Anteil der Einkünfte aus Kapitalvermögen am Volkseinkommen ging von 12,5% 1913 auf 4,2% 1929 zurück, der aus Handel und Gewerbe von etwa 20 auf 15% 1929, ebenso der aus Mieten und Pachten. Dagegen wuchsen die Einkünfte aus Renten und Pensionen von 3 auf 12% 1929 – eine Folge des Krieges, der steigenden Lebenserwartung und der Expansion des Sozialstaates.

Die Schwerindustrie ergriff die Initiative, um die Forderung nach Lohnabbau durchzusetzen. Am 30. Oktober 1928 lehnte sie eine Verbindlichkeitserklärung in der nordwestdeutschen Stahlindustrie ab und forderte mit der Aussperrung von 200 000 Arbeitern auch den Staat heraus. Der unterstützte die Ausgesperrten, woraufhin die Maßnahme zurückgenommen wurde. Ein neuer Schiedsspruch kam den Arbeitgebern bei den Löhnen entgegen, den Gewerkschaften bei der Arbeitszeit. Die Aktion der Arbeitgeber richtete sich nicht nur gegen das Instrument der Schlichtung oder die angeblich einseitige Spruchpraxis zugunsten der Gewerkschaften, sondern vor allem gegen die Große Koalition. Umgekehrt bestärkte das Ergebnis des «Ruhreisenstreites», des politisch wohl wichtigsten Arbeitskampfes der Republik, die Gewerkschaften, die Zwangsschlichtung der Tarifautonomie vorzuziehen, die später zum Instrument des Lohn- und Sozialabbaus wurde. Wie die Parteien hatten die Sozialpartner den Rollenwechsel zu Autonomie und Kompromiss nicht bewältigt. Die staatliche Schlichtung hob den Einigungszwang auf. Die Verantwortung wurde auf den Staat abgeladen, der sich «zwischen den Klassen» als überfordert erwies.

Die Rolle des Staates war auch der Kern der Konflikte um die Arbeitslosenversicherung. Obwohl diese 1927 mit Zustimmung der Konservativen zustande gekommen war, sollte sie beim Scheitern der Großen Koalition 1930 eine zentrale Rolle spielen. Seit dem Weltkrieg hatte ein Wandel vom Fürsorge- zum Anspruchsprinzip eingesetzt. Am 15. Oktober 1923 war das Versicherungsprinzip eingeführt worden, um den Staat aus der finanziellen Verantwortung zu befreien. Obwohl jeder Beschäftigte Zwangsbeiträge zahlte, blieb als Relikt des Fürsorgeprinzips der Nachweis der Bedürftigkeit, auf deren Prüfung die Arbeitgeber bestanden. Zwar anerkannten sie, dass Arbeitslosigkeit ein «dauerhaftes Merkmal des industriellen Lebens» war und die Arbeitslosenversicherung die Kosten auf die Gesellschaft verlagerte; doch würde mit dem von den Gewerkschaften geforderten Anspruchsprinzip der Finanzbedarf und damit ihr Beitrag steigen, der ökonomische Arbeitszwang für die Arbeiter sinken. Wenn es gleichwohl zur Ausdehnung von Leistungen und Empfängerkreis kam sowie zur Verknüpfung von Arbeitsmarkt- und Konjunkturpolitik, so war das ein Signal für den Übergang zum Interventions- und Sozialstaat.

Doch die Finanzierung war von Beginn an bedroht. Man hatte zugunsten eines politischen Kompromisses eine niedrige Zahl von Arbeitslosen angesetzt, wie sie in der Hochkonjunktur 1927/28 gegeben war. Durch den Beitragssatz von 3 %, der je zur Hälfte auf Arbeitgeber und Arbeitnehmer entfiel, konnten ca. 700 000 Arbeitslose finanziert werden, durch staatliche Zuschüsse weitere 400 000, insgesamt 1,1–1,3 Mio. Als im Februar 1929 die Marke von 2,6 Mio. Hauptunterstützten erreicht wurde und im Juli nicht unter 1,5 Mio. sank, war eine Reform unumgänglich. Wieder gingen die Konflikte über die Finanzierungsfrage weit hinaus. Weite Kreise der Unternehmer waren seit 1928 überzeugt, die Gesundung der Wirtschaft erfordere die Durchsetzung des Primats der Wirtschaft gegenüber der Sozialpolitik. Doch warum 1928 und noch *vor* dem Beginn der

Wirtschaftskrise? Es war der Linksruck in den Wahlen von 1928. Der zur Kooperation mit SPD und Gewerkschaften bereite Flügel der Industrie bejahte zwar Republik und Verfassung, wehrte sich aber dagegen, dass Letztere zum «Instrument wirtschaftsrevolutionärer Ziele» werde. Nach dem Wahlsieg bestand die Gefahr, dass SPD und Gewerkschaften ihr Projekt einer «Wirtschaftsdemokratie» vorantrieben. Als der Staatshaushalt durch die Arbeitslosenversicherung belastet wurde und die Zwangsschlichtung zu neuen Lohnbelastungen zu führen drohte, schien die Zeit für eine Gesamtrevision gekommen. Mit der Denkschrift «Aufstieg oder Niedergang» vom Dezember 1929 forderte die Industrie Entlastung der Kapitalbildung, Senkung der öffentlichen Ausgaben wie der Steuern, Lohnabbau und Erhöhung der Verbrauchsabgaben. «Die Sozialpolitik ist ein notwendiges Korrelat der kapitalistischen Wirtschaft; sie ist aber keine Vorstufe zu einer sozialistischen Wirtschaft.» Es ging also um die «grundlegenden Fragen der innenpolitischen Machtverteilung», um die «radikale Umkehr in der Staatspolitik». Noch repräsentierten Paul Reusch oder Hugenberg mit ihrer Sympathie für autoritäre Lösungen nur eine Minderheit. Aber die Mehrheit der Industriellen verweigerte die notwendigen politischen Opfer, um die «neue industrielle Mitte» der Großen Koalition zu stabilisieren, die durch die Spaltung der Arbeiterbewegung möglich geworden war.

Vor diesem Hintergrund und im Zeichen der sich zuspitzenden Krise galt es im Winter 1929/30, die Reichsfinanzen im Hinblick auf den Young-Plan zu sanieren, die Kapitalbildung der Wirtschaft zu fördern sowie die Reparationslasten neu zu verteilen. Da vom Young-Plan eine jährliche Entlastung von 464,4 Mio. RM erwartet wurde, hatte die Industrie – im Gegensatz zur extremen Rechten – Interesse an einer Kooperation mit der SPD. Wenn diese Ersparnis für steuerliche Entlastungen der Industrie genutzt würde, blieb für die Subvention der Arbeitslosenversicherung kein Spielraum. Im Herbst 1929 waren jedoch durch das Vorjahresdefizit und konjunkturell bedingte Einnahmeausfälle sämtliche Einsparungen des Young-Planes aufgezehrt. Eine Entlastung der Wirtschaft war nur durch Beschneidung der Staatsausgaben zu finanzieren. Dafür kam vor allem die Arbeitslosenversicherung infrage.

Es ging um eine Grundsatzfrage, in der sich das gesamte sozialpolitische, ja staatspolitische Konfliktpotential konzentrierte. Der Konflikt nahm unversöhnliche, durch die Massennot verschärfte Formen an, sodass ein Kompromiss unmöglich wurde. Die Gewerkschaften wollten die Beiträge auf 4% erhöhen, zuletzt auf 3,75%, ergänzt durch «eine auf Behebung der Arbeitslosigkeit gerichtete Arbeitsmarktpolitik». Die Arbeitgeber verlangten die Senkung der Leistungen bis zum Finanzrahmen der vorhandenen Mittel, obwohl mit steigender Arbeitslosigkeit das Beitragsaufkommen sank. Während die Parteien der Mitte und der Rechten jede Erhöhung der direkten Steuern, ein Notopfer der Beamten oder höhere Beiträge zur Arbeitslosenversicherung verweigerten, wies die SPD das Anheben der Massensteuern zurück. Gewerkschaften und SPD sahen keine Einigungsmöglichkeit und lehnten einen Kompromissvorschlag Brünings ab, der den Konflikt auch lediglich vertagen sollte. Die SPD schied aus der Regierung aus und übernahm damit die Verantwortung für das Scheitern der Koalition.

Doch der Kompromiss hätte weder Regierung noch Republik gerettet. Denn der Sturz der Großen Koalition war längst vorbereitet. Zwar kam es Anfang März 1930 zu einer Einigung im Kabinett, die die Gemäßigten beider Seiten herbeiführten, doch scheiterte diese in den Fraktionen wie in den den Parteien nahestehenden Interessenverbänden. Die Kamarilla um Hindenburg, die DVP und die Schwerindustrie betrieben den Sturz der Regierung – eben *weil* eine Einigung drohte. Seit dem Frühjahr 1929 wurden neue Pläne für eine autoritäre Lösung geschmiedet, die im Dezember 1929 klarere Konturen gewannen, als Brüning zur Leitung eines «Hindenburg-Kabinetts» gedrängt wurde, eines «antiparlamentarischen» und «antimarxistischen» Kabinettes der «Fachleute» und «Beamten», das unabhängig von den Mehrheitsverhältnissen im Reichstag war. Diese Planungen, bei eingeweihten Politikern unter der Hand bekannt, lähmten den Einigungswillen im März 1930. Zudem wurde die SPD nicht mehr benötigt, nachdem der Young-Plan durch den

Reichstag gebracht worden war. Die Republik scheiterte nicht an einem Viertelprozent Beitragserhöhung zur Arbeitslosenversicherung. Denn darum ging es nicht, wie Brüning wusste, als er seinen Kompromiss vorschlug. Es ging um die innere Revision – um die Beseitigung der «Fesseln» von Revolution, Republik und Verfassung.

3. Gesellschaft im Wandel

Die Gesellschaft der Republik spiegelte den Wandel der volkswirtschaftlichen Entwicklung wider: Sie war industrieller, urbaner geworden, auch pluralistischer. Sie bot Frauen, Jugendlichen, Katholiken und Juden erweiterte Chancen zur Emanzipation und Partizipation, sie öffnete sich durch Kino, Radio oder Freizeitvergnügungen einer kommerzialisierten Massenkultur. Das verstärkte nicht nur den Stadt-Land-Gegensatz, sondern auch den zwischen den Generationen und den Geschlechtern. Große Teile der Älteren, selbst in der Arbeiterschaft, blieben mental «Wilhelminer»: autoritär, traditional, misstrauisch gegenüber den neuen Freiheiten des republikanischen Alltags, emanzipativen Tendenzen allgemein.

1933 wohnte noch ein Drittel der Bevölkerung auf dem Dorf, aber bereits ein Viertel in den Großstädten. 1910 hatte das Verhältnis 40:20 betragen. Der Krieg hatte noch einmal einen Stoß kurzzeitiger Mobilität bewirkt: für 13,2 Mio. Soldaten, dazu Hilfsdienstpflichtige, Frauen und Jugendliche, die in die Rüstungszentren geströmt waren. Doch insgesamt ging die Binnenwanderung zurück nach ihrem Höhepunkt in der Hochindustrialisierungsphase um 1900. Der Prozess der Urbanisierung beinhaltete zugleich einen kulturellen Wandel. Zwar speiste sich die Binnenwanderung noch immer zu einem erheblichen Teil aus der Landflucht, sodass weiterhin viele in der ersten Generation in diesem Umfeld lebten. Doch immer mehr Menschen wurden in städtische Lebensformen eingebunden, etwa die Trennung von Wohnen und Arbeiten, von Familie und Freizeit. Da Familienstrukturen, Religiosität, symbolische Interaktionsformen, Weltdeutungen oder politisches Bewusstsein über ein hohes Beharrungsvermögen verfügen, entstanden Mischlagen.

Mischlagen erzeugte auch die soziale Mobilität, die sich in Krieg und Inflation verstärkt hatte. Insgesamt war sie in der Republik höher als im Kaiserreich, aber geringer als im Dritten Reich. Die Klassenschichtung löste sich noch nicht auf, veränderte aber ihren starren Charakter. Infolge der Zunahme industrieller Arbeitsformen, von Arbeitsteilung, Rationalisierung und Qualifizierung stieg die Zahl der Angestellten- und Beamtenpositionen. Da deren Expansion vorrangig im produzierenden Gewerbe stattfand, war das mehr der Ausdifferenzierung der Industriegesellschaft geschuldet als dem Übergang zur Dienstleistungsgesellschaft. Nur ein knappes Drittel der erwerbstätigen Frauen waren Arbeiterinnen (während gut die Hälfte aller Männer Arbeiter waren). Etwa ein Viertel war in den neuen Büroberufen tätig (neben 20% als Dienstmädchen in städtischen Haushalten); sie, nicht zuletzt die Jüngeren, stellten über ein Drittel aller Angestellten. Insgesamt lag der Anteil der Frauen an der von 25 auf 32 Mio. wachsenden Zahl der Erwerbspersonen 1907–1933 fast konstant bei etwas mehr als einem Drittel.

Neben den Veränderungen im Erwerbsverhalten belastete der demographische Wandel die Verwerfungen eines stagnierenden Arbeitsmarktes zusätzlich. Einerseits schied ein wachsender Anteil von Alten aus dem Erwerbsleben aus, der länger abgesichert werden musste. Bei Männern stieg die Lebenserwartung von 45 Jahren 1901/10 auf 60 Jahre 1932/34, bei Frauen von 48 auf 63. Andererseits wuchs infolge des Geburtenüberschusses vor 1914 der Anteil der Jugendlichen (14–25 Jahre) von 21% 1910 auf 23% 1925, um bis 1933 wieder auf 18% abzusinken. Angesichts der staatlichen Daseinsvorsorge wurden Kinder nicht mehr als Krisenversicherung gebraucht, sie waren infolge längerer Aufzucht- und Ausbildungszeiten zu Kostenfaktoren geworden. Durch die Beschränkung der Kinderzahl konnte diesen der soziale Aufstieg erleichtert werden. Angestellte wiesen die kleinste Familiengröße auf, während die Kinderzahl bei Arbeitern mit sinkendem Einkommen stieg; in ländlichen und katholischen Gegenden sank sie nur langsam. Um 1930 war der Trend zur Drei-, im Mittelstand zur Zwei-Kinder-Familie vorherrschend. Dazu trugen die veränderte Einstellung der Frauen zu Verhütung und Abtreibung bei wie das veränderte Erwerbsverhalten gerade der Jüngeren. Armut bzw. die Angst vor Armut waren ein weiterer Grund, sodass 1933 der Tiefpunkt der Geburtenrate erreicht wurde.

Das ungünstige Verhältnis von Altersstruktur und Arbeitsmarkt wäre auch ohne Kriegsfolgen und Wachstumskrise eingetreten. Die Bevölkerung stieg 1907–1925 um 13,5 %, die Zahl der Erwerbstätigen um 27,2 %. Lag das Verhältnis von Kindern zu erwerbsfähigen Erwachsenen (15–65 Jahre) und Alten (über 65 Jahre) 1910 bei 34:61:5, so betrug es 1933 24:69:7. Das Überangebot an Arbeitskräften war eine der Ursachen für die strukturelle Arbeitslosigkeit, die nicht zuletzt die Jüngeren traf. Die Arbeitslosenquote, vor 1914 bei 2–5 %, sank nach 1923 nicht mehr unter 10 %. Sie betraf nicht nur den industriellen Arbeitsmarkt. Ende der 1920er-Jahre kam es zu einer Akademikerschwemme, u. a. bei Juristen und Ärzten. Der akademischen wie der proletarischen Jugend drohte ein Karrierestau. Erstere konnte nach 1933 in die von Juden «frei» gemachten Arbeitsplätze einrücken, Letztere profitierte von Arbeitsbeschaffung und «Wirtschaftswunder».

Die soziale Gliederung der Gesellschaft veränderte sich wenig. Die Unterschichten (Arbeiter, Angestellte, Hausangestellte) umfassten 1895, 1907 wie 1925 knapp 70 % der Bevölkerung. Die Arbeiter stellten etwa die Hälfte der Erwerbsbevölkerung (1907 55 %, 1925 49 %) bzw. mit ihren Angehörigen etwa die Hälfte der Bevölkerung (ca. 32 Mio.). Doch nur ein Viertel der Arbeiter lebte in den großen Städten, und nur ein gutes Drittel waren Industriearbeiter. Das war der Kern der organisierten Arbeiterbewegung. Neben den 4,7 Mio. Mitgliedern, die der ADGB 1930 organisierte (nach über 8 Mio. 1920), umschreiben die 12–14 Mio. Wähler (35–40 % der Stimmen), die SPD und KPD zusammen erreichten, grob das Gesamtpotential des Milieus. Die etwa 1 Mio. Mitglieder der anderen Gewerkschaften bzw. gewerkschaftsähnlichen Verbände gehörten nicht dazu.

Bei den Angestellten waren die christlichen und liberalen Verbände erfolgreicher als die Freien Gewerkschaften. Dass sie 1926 die freigewerkschaftlichen überholten, war ein Signal für die Reorientierung des «neuen» Mittelstandes. Gerade die Angestellten hatten als Lohnabhängige ein prekäres Identitätsproblem und deshalb ein intensives Abgrenzungsbedürfnis gegenüber den Arbeitern. Aber zum Bürgertum, in das sie strebten und dem sie sich symbolisch anzunähern versuchten, gehörten sie ebenso wenig: weder das «Tippfräulein» noch der technische Beamte oder der Werkmeister. Sie blieben «zwischen den Klassen», kleinbürgerlich.

Das letzte Drittel der Erwerbstätigen teilten sich Selbstständige und mithelfende Familienangehörige. Der Anteil der Selbstständigen, der «alte» Mittelstand, sah seinen Anteil 1882–1939 auf 13% mehr als halbiert (auch wenn die absolute Zahl nur leicht auf 4,8 Mio. sank), vor allem nach 1925 und besonders in Handwerk und Handel. Die Zahl der mithelfenden Angehörigen in Gewerbe und Handel, meist Frauen, blieb in den familial organisierten Kleinbetrieben hoch. Ihr Anteil an den Erwerbstätigen (inkl. der Landwirtschaft) lag bei 15–17%, mit dem Spitzenwert 1925. Da sie Indiz für die Selbstausbeutung kleiner selbstständiger Existenzen waren, war das meist nicht mit steigenden Einkommen verbunden.

Zum Kernbürgertum gehörten 6% der Bevölkerung. Anders als das Wirtschaftsbürgertum hatte das Bildungsbürgertum die materielle Grundlage seiner Distinktion in der Inflation teilweise verloren, aber seine Kontrolle über die höheren Bildungsinstitutionen wahren können, wenngleich die «Akademikerschwemme» das Bildungsprivileg zu entwerten schien. Aber seine kulturelle Deutungshegemonie war durch die Massenkultur infrage gestellt, während sein kulturelles und wissenschaftliches Expertentum eher eine Ausdehnung erfuhr. Insgesamt drohte es sein Selbstverständnis als unabhängige geistige Elite einzubüßen und in ein (lohn-)abhängiges, professionalisiertes Spezialistentum abzugleiten.

Etwa 1% der Bevölkerung gehörte dem Adel an. Der versuchte seine Exklusivität zu wahren und sich weiter ständisch zu definieren. Er blieb dem «Land» verhaftet, dem er seine Identität und seine materielle Basis verdankte. Obwohl ihm Revolution und Republik die politischen und rechtlichen Privilegien genommen hatten (in Preußen fielen 1929 die letzten gutsherrlichen Rechte), war er in der industriell geprägten Gesellschaft in abnehmendem, aber immer noch gestaltungsfähigem Maße politisch mächtig geblieben. Sein hoher Anteil in Verwaltung und Militär, Parteien und Verbänden, seine sozialen Netzwerke, administrativen Routinen und erworbenen Qualifikationen eröffneten ihm weiter erhebliche Chancen der Einflussnahme und Selbstbehauptung.

Das Dorf als Genossenschaft des Helfens und Dienens war noch immer ein von den städtischen Sozialformen weitgehend geschiedener Lebensbereich mit kultureller Eigengesetzlichkeit. Die Stadt-Land-Differenz umfasste mehr als nur Siedlungs- und Wohnweisen, Arbeits- und Produktionsbedingungen, Familienformen oder Bildungschancen. Sie beruhte nicht zuletzt auf Unterschieden des Verhaltens und Denkens, des Wertens und Wünschens. Die wachsende infrastrukturelle Vernetzung zwischen Stadt und Land beschleunigte die Erosion dörflicher Strukturen und Kulturen durch externe Modernisierungsimpulse. Das Land übernahm die städtischen Entwicklungen mit einer Verzögerung von ein bis zwei Generationen. Saison- und Pendelwanderer importierten Versatzstücke der urbanen Kultur, nicht zuletzt die Dienstmädchen. Mit den an Parteien oder Kirchen gebundenen Landfrauenverbänden, mit Radio und Wanderkino, mit Fußball und Warenhauskatalogen, mit Elektrizität und landwirtschaftlichen Maschinen fasste die neue Welt schrittweise Fuß. Das Vordringen von Krämern, Bäckern oder Metzgern zeigte, dass sich der Selbstversorgungscharakter der Familien- und Hauswirtschaft auflöste. Die (partei-)politische Struktur der Dorfgemeinschaft veränderte sich; die Bedeutung von Besitz und (Alters-) Erfahrung, die über Generationen die Position in der Macht- und Ansehenshierarchie bestimmt hatte, nahm allmählich ab. Aber die industriekapitalistische Klassenstruktur fand hier nur bedingt ihre Entsprechungen, am ehesten noch in Gegenden mit agrarkapitalistischer Großlandwirtschaft und hohem Anteil von

Tagelöhnern, Landarbeitern und lohnabhängigen Kleinstbesitzern. Dennoch konnten Landarbeitergewerkschaften kaum Fuß fassen, während Arbeiterbauern für die Arbeiterbewegung nur schwer zu erreichen waren.

Im industriell-urbanen Teil der Gesellschaft veränderten sich die Klassenbeziehungen. Doch endete damit keineswegs das auf Erfahrung gegründete Bewusstsein der den Klassen Zugehörigen. Die Aufwertung der Arbeiterschaft im Krieg, deren Ansprüche (zumindest) auf Gleichberechtigung in der Revolution, der Klassenkampfcharakter des Bürgerkriegs wie der Arbeitskämpfe verschärften dieses Bewusstsein eher noch. Die Arbeiter einte über alle internen Grenzen hinweg die Klassenerfahrung: vom Klassenhass bei den Kommunisten bis hin zur mehr oder minder starken «Abneigung» gegenüber den «besitzenden Kreisen» bei katholischen und christlich-sozialen Arbeitern. Das Bürgertum einte, mehr als die Ideale und Praktiken von Bürgerlichkeit, der diametrale Gegensatz zur Arbeiterschaft, der – mit wenigen, erfolglosen Versuchen eines Brückenschlages – für unüberwindbar erachtet wurde. Die Unüberbrückbarkeit der Klassengegensätze, die sich in den Lagern des Parteiensystems widerspiegelte, resultierte aus der Verfestigung der ökonomischen Klassen in sozial-moralischen Milieus als relativ abgeschlossenen, sozial homogenen und organisatorisch verdichteten Werte- und Erfahrungsgemeinschaften. Die Zugehörigkeit wurde bestimmt durch gleichen Status (Arbeiter, Bürger), gleiche Lebensweisen (Familie, Wohnquartier), symbolische Praktiken (Kleidung, Habitus, Sprache, Feste), gleiche Wertvorstellungen (Ehre, Leistung, Bildung, Solidarität, Religion) und Weltdeutungen. Aus ihren je eigenen Vorstellungen von der gerechten Ordnung entwickelten sie ihre politischen Präferenzen. Je undurchlässiger die Klassenschranken und je fester die kollektive Lage durch Aus- und Abgrenzungserfahrung gefügt waren, desto ausgeprägter waren die Milieus.

Doch Klassen und Milieus waren nicht identisch. Die größte relative Homogenität erreichten (Industrie-)Arbeiter und Bürger, die beiden Kerngruppen der industriegesellschaftlichen Moderne. Im bürgerlichen Lager wurde indes die Scheidelinie zwischen Kernbürgertum und kleinbürgerlichem (altem wie neuem) Mittelstand nach 1918 eher noch schärfer gezogen. Ähnlich in der Arbeiterschaft zwischen Facharbeitern und Ungelernten, Arbeiterbauern, Saisonarbeitern oder Landarbeitern. Außer bei den Bauern und im Adel gab es nirgendwo so stark voneinander abgeschlossene Heiratskreise wie zwischen Facharbeitern, die ins Kleinbürgertum strebten, und Minderqualifizierten. Die Rationalisierung festigte die Arbeitsmarktposition der qualifizierten Facharbeiter und gewährte ihnen auch steigende Einkommen. Doch blieben die Aufstiegschancen über Schul- und Ausbildungssysteme in der republikanischen Zeit begrenzt. Beide – Bürger und Arbeiter – waren nicht nur kulturell, sondern auch politisch in sich tief gespalten: in Kommunisten und Sozialdemokraten die einen, in (Vernunft-)Republikaner und Republikgegner die anderen. Quer zu den Klassen lag das katholische Milieu.

Dennoch begannen die sozial-moralischen Milieus auf dem Höhepunkt ihrer Entfaltung und Verdichtung aufzubrechen. Das war in ganz Europa Begleitumstand einer seit 1900 zu beobachtenden Entwicklung, die durch den Krieg beschleunigt wurde. Am auffälligsten war die Erosion im proletarischen Milieu, das die organisierten Arbeiter von der Wiege bis zur Feuerbestattung in allen Lebensbereichen betreute. Der schleichende Beginn seiner Auflösung war nicht nur Folge der Spaltung in SPD und KPD wie ihrer Gewerkschaften und Massenorganisationen. Vor allem der um 1930 beklagte «Verlust der Jugend» an die neuen Verlockungen der Massenkultur lässt erkennen, dass sich seine Bindungswirkung abzuschwächen begann. Selbst die Älteren waren, allem Klassenkampfdenken und aller sozialistischen Aufklärungsarbeit zum Trotz, ideologisch keineswegs gefestigt, sondern vielfach autoritär geprägte «Wilhelminer»: privat wie politisch. Sie hielten wenig von der Gleichberechtigung der Frau oder einer Kindererziehung ohne Prügel, aber viel von Bismarck oder Napoleon. In Geschmacksfragen waren sie eher kleinbürgerlich-konservativ. Eine Arbeiterkultur im Sinne sozialistischer Lebensführung praktizierte nur eine geringe Zahl, auch nicht durchgängig die Kommunisten. Die Kultur der

Arbeiterbewegung war mehr Gegenentwurf als eine im Alltag gelebte Gegenwelt. Als Projekt machte sie gleichwohl die Klassenlinie zwischen Bürgertum und Arbeiterschaft sichtbar und erfahrbar.

Die kirchengebundenen Arbeiter erreichte dieses Milieu nicht, obwohl 1924 knapp 20% der katholischen Arbeiter Parteien der Linken wählten. Die Entkirchlichung setzte auch bei ihnen ein, wenngleich weniger ausgeprägt als bei den protestantischen. Das galt für das katholische Milieu insgesamt. Hatten 1881 über 86% aller männlichen Katholiken Zentrum gewählt, so waren es zu Beginn der Weimarer Republik noch 60% aller Katholiken, bei den Frauen und Kirchentreuen 69%, 1928 wohl nur noch die Hälfte. Das katholische Milieu begann, unter dem Einfluss von Mobilität und Urbanisierung, sinkender sozialer Kontrolle und allgemeiner Säkularisierung ebenfalls seine Bindungswirkung einzubüßen.

Verdichtet wurde das bürgerliche Milieu. Gegen die Herausforderung der Arbeiterbewegung und der drohenden kulturellen Enteignung durch die Massenkultur zog es sich in den Turm seines lokalen Geflechts von Persönlichkeiten, Vereinen und Kommunikationsforen zurück. Trotz des von örtlichen Honoratioren organisierten Zusammenrückens von Kernbürgertum und Kleinbürgertum gegen die Linke blieb die soziokulturelle Scheidelinie zwischen beiden bestehen. Nach kurzlebiger Annäherung lockerte sich die Bindung des Kleinbürgertums an die traditionelle Honoratiorenelite wieder. Diese versuchte trotzig, ihre bürgerlich-nationale Deutungskultur, ihre Rituale, Symbole und Feiertage zu behaupten. Doch alle – durch Kriegsschuldlüge, Dolchstoßlegende oder Antibolschewismus schon im Ansatz entwerteten – Versuche, aus dieser Abwehrhaltung an dem Anspruch geistiger Führerschaft in einer nationalen Volksgemeinschaft festzuhalten, drängten sie immer stärker in die Isolation. Die extreme Rechte wurde, wenngleich zögernd, als Schutztruppe gegen den Bolschewismus in das «nationale» Lager einbezogen, aber die milieuführenden Honoratioren und Vereine erwiesen sich als unfähig, die radikalen Kräfte zu integrieren und damit zu kontrollieren. Die Auflösung der bürgerlichen Mitte war nicht Ausdruck zufälliger personaler Konstellationen, sondern des Zerbrechens ganzer Lebenswelten und ihrer kulturellen Ordnungssysteme.

Auch das bürgerliche Milieu verlor seine Geschlossenheit durch den «Verlust der Jugend»: als «Empörung der Söhne gegen die Väter», gegen die überlange Dominanz einer nicht abtreten wollenden Generation der «Wilhelminer». Die 1920er-Jahre kannten eine Fülle politischer Generationsentwürfe, von denen der der Frontgeneration der einflussreichste war. Deren Forderung des absoluten Neuanfangs und deren Anspruch, die Vorhut einer neuen Welt zu sein, wurden in den Frontkämpfermythos übertragen, der erst um 1928/29 seine Blüte entfaltete: als Kampf um die Erinnerung des Weltkrieges und als Anspruch eines aus dem «Stahlbad» geborenen «neuen Geschlechts». Diesen Entwürfen, meist einer Generationenelite, war, trotz aller Unterschiede, ein Kern von Lebensgefühlen und Erfahrungen gemeinsam. Sie waren deutungsmächtig und klassenübergreifend, wie man z. B. auch an den französischen Veteranenverbänden ablesen kann. Sie kreisten um den Weltkrieg, der sich als Einbruch einer unbegreiflichen Zerstörung so dramatisch in den Erfahrungshaushalt nicht nur der Deutschen eingebrannt hatte. Dem Gestaltungsanspruch standen Ohnmachtserfahrungen entgegen, das Gefühl, die im Zusammenbruch enthaltene Chance sei von den Alten «verraten» worden. Die Erwartung, dass die eigenen Lebensperspektiven begrenzt waren, entlud sich in Rebellion, bis hin zur Militanz. Das Trauma des Krieges ebenso wie die Erfahrung von Revolution, Bürgerkrieg und Inflation wurde von den Jüngeren zukunfts- und handlungsorientiert(er) verarbeitet als von den nostalgisch-defensiv reagierenden Älteren. Sie setzten «Leben» gegen Vernunft, «Aktion» gegen Reflexion, «Zukunft» gegen Bindung durch Tradition und Geschichte, «Willen» gegen Handlungsscheu, «Idealismus» gegen materielle Sicherheit.

Der Jugendmythos der 1920er-Jahre wurde verstärkt durch die bevölkerungspolitische Propaganda infolge der Kriegsverluste und das Anwachsen der «Jugendgeneration» infolge des demographischen Wandels. Nicht nur Bürger und Arbeiter beklagten den Verlust der Jugend. Manches spricht dafür, dass die Erfolge der NSDAP auf dem Lande einer Rebellion der Jungbauern gegen ihre Väter zu verdanken waren. Der Versuch, diese Entwicklung in Jugendorganisationen der Parteien, Verbände, Kirchen oder Armee aufzufangen, trug dazu bei, die Bewegung zum organisierten Massenphänomen werden zu lassen, inkl. des Sports. Etwa die Hälfte der Jugendlichen war in solchen Jugendverbänden organisiert, die Merkmale einer gemeinsamen Jugendkultur aufwiesen, die auch die jungen Frauen erreichte. Jedoch wäre es eine Verkürzung, Generationalität nur auf politisch-ideologische Entwürfe zu beziehen. Neben der Missbilligung der Alten und rechtlicher Kontrollbemühungen (Reichsjugendwohlfahrtsgesetz 1922, Schmutz- und Schundgesetz 1926) machte vor allem das Abweichen von den tradierten Standards in Geschmack (Kleidung, Musik) und Verhaltensweisen «Jugend» zu einer Generationenlage, die sowohl ihren klassen- und geschlechtsspezifischen (männlichen) wie ihren urbanen Rahmen zu übersteigen begann. Es kennzeichnete die Ambivalenz der Weimarer «Krisenjugend», dass den prekären beruflichen Chancen völlig neue Angebote gegenüberstanden: Sport, Tanz, Radio, Grammophon und Kino, deren Ausdruck der «Amerikanismus» (Jazz, Hollywood-Filme) als «vorbehaltlose und bedingungslose Modernität» wurde. Sie verfügte als erste Generation über ein planbares Freizeitbudget, sei es infolge einer durch Tarifverträge geregelten, sei es durch Arbeitslosigkeit unfreiwilligen, aber bislang unbekannt langen arbeitsfreien Zeit. Und sie besaß auch die Mittel, da 1927 nur noch 72% des Einkommens (1907: 88%) für die Grundbedürfnisse des täglichen Lebens ausgegeben werden mussten.

Ein generationeller Einstellungs- und Verhaltenswandel war auch bei den jungen Frauen zu erkennen. Bei ihnen war das, ungeachtet der noch gültigen Geschlechterrollen, an der Einstellung zur Ausübung einer Berufstätigkeit ablesbar, zu Sexualität und Geburtenkontrolle, an ihrem Freizeit- und Konsumverhalten. Mehr Frauen waren berufstätig, verstärkt auch nach der Kinderphase. Sie arbeiteten in den neuen «frauentypischen» Berufen der Büroangestellten, der Volksschullehrerin oder Sozialarbeiterin. Sie drangen aber auch in männliche Berufsfelder vor, in der Industrie, an den Universitäten (1931: 16%), in der Politik. Sexualität wurde ansatzweise enttabuisiert und «aufgeklärt(er)». Der weibliche Körper wurde aus Korsett und Mieder befreit und durch die neue Kleidung sichtbarer, die Frau durch die Lockerung rechtlicher und sozialer Normen gegenüber Ehemann und Eltern selbstbestimmter, in den neuen Unterhaltungsstätten (Kino, Tanzsaal) gleichberechtigt, die Vereinbarkeit von Beruf und Haushalt durch die Rationalisierung der Hausarbeit (Einbauküche, Waschmaschine) greifbarer. Die «neue Frau» war nicht so sehr Projekt der Frauenbewegung, sondern fast mehr noch ein Produkt der Filmindustrie, der Illustrierten, der Werbung, des Massenkonsums – und das keineswegs nur in der Stadt. Ungeachtet des Widerstandes konservativer Institutionen und Meinungsführer, vieler Männer und auch Frauen beinhaltete der Leitbildwandel die Perspektive selbstbestimmter Lebensführung.

Dieser Konflikt zwischen den Generationen wie zwischen den Geschlechtern wurde durchaus auch als Kulturkampf wahrgenommen: als Auflösung traditionaler Ordnungsmuster, Lebensformen und Wertvorstellungen. Das galt erst recht für die Künste, die schon vor 1914 die traditionalistische Konvention der Bildungseliten herausgefordert hatten: durch die Zerstörung von Form und Harmonie in Bild, Wort und Ton, durch die provozierende Relativierung des Wahren, Guten und Schönen, durch den subjektivistischen Individualismus. Jetzt schien die Außenseiterkultur der Avantgarde zum Repräsentanten des republikanischen Wert- und Kulturrelativismus aufzusteigen, zumal sie, oft nur vorübergehend, der politischen Linken zuneigte. Vergleichbares galt für die überall aufsprießenden, auf ältere Wurzeln zurückgreifenden Reformbewegungen: die Reformpädagogik, die Sexualreform, die Wohnreform, die Lebensreform allgemein. Sosehr diese Strömungen ein Indiz für den sich öffnenden Pluralismus der 1920er-Jahre sind, so wenig darf man ihren Einfluss überschätzen, wie es ihre Gegner taten. Sie mochten den öffentlichen Diskurs beherrschen, aber nicht die Institutionen, die Bastionen des Traditionalismus blieben. Die

Mehrheit der freien wie der akademischen Intellektuellen nutzte ihre etablierten Positionen wie die Unterstützung der Politik für einen teils erbittert geführten Kulturkampf gegen den «Kulturbolschewismus», für den die Vertreibung des Bauhauses aus Weimar 1925 ebenso stehen mag wie der jahrelange Kampf um das Kunstmuseum in der Erfurter Provinz. Als 1930 der Thüringer NS-Innen- und Volksbildungsminister Wilhelm Frick anordnete, 70 Werke der Avantgarde im Weimarer Schlossmuseum abzuhängen, und Verordnungen «wider die Negerkultur» erließ, gab das einen Vorgeschmack auf die spätere Denunziation als «entartete Kunst».

Doch die viel gerühmte Vielfalt des kulturellen Lebens in der Weimarer Republik war auch ein Zeichen der Orientierungslosigkeit, der oft rast- und ratlosen Suche nach neuer Ordnung, nach Sinnstiftung in dem «seelenlosen» technischen Zeitalter. Die Aufbruchstimmung 1918 war bald der Ernüchterung gewichen. Die Hinwendung zur «Neuen Sachlichkeit» Mitte der 1920er-Jahre war ebenso ein Anzeichen der Resignation wie die Flucht in die bittere Satire oder in die Esoterik und das Ekstatische. Auch die Avantgarde blieb eine elitäre Kunst; die Reformbewegungen kamen letztlich über eine Nischenexistenz nicht hinaus. Das Experiment setzte sich mit wenigen Ausnahmen nicht gegen den mächtigen Kanon durch. Es signalisierte die Chance auf Pluralität und individuelle Entfaltung, blieb aber in der Breitenwirkung unverbindlich. Was von den einen als Freiheit empfunden (bzw. erhofft) wurde, erschien den anderen als Freisetzung, als Infragestellung nicht nur der ästhetischen, sondern auch der ethischen Gewissheiten. Auf dieser Ebene spiegelte die Kunst durchaus die politische Kultur der Republik wider. Belastungen war diese von Enttäuschung und Hoffnung geprägte Suche nach neuen Orientierungen nicht gewachsen. Dafür fehlte die Verankerung in den Lebenswelten. Nicht nur Erich Fromm spitzte das Ergebnis seiner Untersuchungen von 1929/30 auf die Formel «Flucht aus der Freiheit» zu; sondern auch die Exil-SPD brachte das Verhalten ihrer Klientel nach 1933 auf den Nenner, diese habe die Sicherheit der Freiheit vorgezogen.

4. Der zweite Frieden: Vom Locarno-Vertrag zum Young-Plan

Es war das Verdienst des langjährigen Außenministers Stresemann, dass die Republik wieder in den Kreis der europäischen Großmächte aufstieg. Nach dem Ruhrkampf war infolge der Intervention der USA und des allgemeinen Bedürfnisses nach Stabilisierung die Gesamtlage ausgesprochen günstig; aber Stresemann war es zu verdanken, dass es innenpolitisch gelang, eine realistische Außenpolitik durchzusetzen. Zu Recht spricht man von der Ära Stresemann, denn die äußere Entspannung kam der innenpolitischen zugute. Noch im Kriege ein Annexionist, hatte Stresemann sich zum Vernunftrepublikaner gewandelt, dessen Orientierung an Staatsräson und Nation von der Staatsform zu abstrahieren wusste. Seit der Kooperation im Weltkrieg zur Durchsetzung der Parlamentarisierung mit den Parteien und Parteiführern der Weimarer Republik auf gutem Fuße, besaß er zugleich gute Verbindungen zur Industrie und war – anders als Erzberger oder Rathenau – auch für die DNVP akzeptabel. Seine Mittlerrolle zwischen den sonst unversöhnlichen Parteien gestattete es ihm, 1923–1929 die innenpolitische rechte Mehrheit mit der außenpolitischen linken Mehrheit zu verknüpfen.

Stresemann war ein Nationalist, für den die Revision des Versailler Vertrages oberste Priorität hatte. Er war aber Realist und Ökonom genug, um zu erkennen, dass in einer weltweit verflochtenen Industriegesellschaft die traditionellen Formen nationaler Machtpolitik überlebt waren, dass eine erfolgreiche Außenpolitik nicht mehr gegen die wirtschaftlichen Interessen und Verflechtungen betrieben werden konnte, dass die Kontrolle von Märkten wichtiger war als die Annexion von Land. Dass er der Überzeugung war, ein gleichberechtigtes Deutschland werde in einem offenen Staatensystem aufgrund seiner Wirtschaftsmacht eine «natürliche» Hegemonialposition einnehmen, darf man annehmen. Doch seine Politik, die zur Konferenz von Locarno führte, entsprang keiner planenden europäischen Perspektive, sondern war eine Defensivstrategie, die «Europa» als Vehikel nationaler Macht einzusetzen suchte, auch gegen die absehbare ökonomische Abhängigkeit von den USA.

Für diese Konsolidierung musste das Reich einen Preis zahlen, wollte es Frankreich isolieren und Vertrauen bei den anderen Mächten aufbauen. Der Preis war der Dawes-Plan vom 9. April 1924. Der brachte erhebliche wirtschaftliche Vorteile für Deutschland, aber das Reich musste seine Verpflichtung zur Zahlung der Reparationen anerkennen und alliierte Kontrollen bei seiner Durchführung akzeptieren. Für die Rechte machte das den Plan zum «zweiten Versailles», doch lagen für Stresemann die politischen Vorteile klar auf der Hand: Eine multilaterale Regelung entzog die Reparationsfrage den Franzosen als Pressionsmittel; Deutschland war im Falle konjunktureller Einbrüche von der Zahlungsverpflichtung befreit, ohne Repressalien fürchten zu müssen; das Ruhrgebiet musste binnen eines Jahres geräumt werden. Stresemann war überzeugt, dass sich dieser Plan spätestens 1927 als undurchführbar und damit als revisionsbedürftig erweisen würde. Insofern gab es für ihn kein Zögern angesichts der Frage, ob das Reich die «ihm auferlegten Lasten und die Beschränkungen der wirtschaftlichen und finanziellen Freiheit höher schätzt als die politische Freiheit, die mit Hilfe dieser Leistungen erreicht werden soll. Letzten Endes geht es nicht um wirtschaftliche und finanzielle Fragen, sondern darum, ob wir die Einheit des Reiches wiederherstellen und damit für die Zukunft erhalten.»

Der Dawes-Plan beruhte auf der Erkenntnis, dass eine Stabilisierung Europas ohne die Lösung der Reparationsfrage und ohne bzw. gegen Deutschland nicht möglich war. Dazu gehörte, dass die Interessengrundlage der jeweiligen Gegenseite akzeptiert wurde: von deutscher Seite die französischen Sicherheits- und Entschädigungsforderungen, von alliierter Seite der deutsche Wunsch nach Souveränität und Gleichberechtigung. Das eröffnete den Weg zur Konferenz von Locarno, wo im Oktober 1925 die europäischen Staaten über Wege zur Friedenssicherung berieten. Seine Strategie hat Stresemann in dem umstrittenen «Kronprinzen-Brief» vom 7. September 1925 dargelegt, der auch dem Ziel diente, über den Kronprinzen die DNVP zur Zustimmung zu gewinnen. Als Kernziele seiner Außenpolitik nannte Stresemann: die Lösung der Reparationsfrage «als Voraussetzung für eine Wiedererstarkung Deutschlands» und die Sicherung des allgemeinen Friedens in Europa; Schutz der 10–12 Mio. Auslandsdeutschen mithilfe des Völkerbundes; «Korrektur der Ostgrenzen», «die Wiedergewinnung von Danzig, vom polnischen Korridor und eine Korrektur der Grenze in Oberschlesien». Den Anschluss Österreichs betrachtete er mit Skepsis, auch weil der bayerisch-österreichisch-katholische wie der sozialistische Einfluss steigen würde. Den Revisionsverzicht im Westen nannte er einen «theoretischen», da «keine Möglichkeit eines Krieges gegen Frankreich besteht»; ebenso bedeute die Westbindung keinen Verzicht auf ein Optieren zwischen Ost und West, denn Optieren könne man nur, «wenn man eine militärische Macht hinter sich hat». Parität mit Frankreich sei in der Situation ein Gewinn. Insofern bedeute der Eintritt in den Völkerbund keine unwiderrufliche Bindung; er schütze vielmehr das Reich gegen Veränderungen des Status quo, bringe es in eine Vetoposition und hebe die französische Hegemonie auf. Deutschlands Lage lasse nichts anderes zu als «zu finassieren und den großen Entscheidungen auszuweichen», solange man besetzt und wehrlos sei. In den Worten seiner Mitarbeiter hieß das konkret: Opposition im Völkerbund zugunsten einer Reform «im Geiste Wilsons» bzw. einer «Neugründung»; Durchbrechung der französisch-englischen Hegemonie, mit dem «russischen Schatten» im Hintergrund; Bildung eines Systems kollektiver Sicherheit gegen diese Hegemonie, wobei dem Reich an der Verhinderung neuer Kriege «nicht so viel gelegen» sei wie den anderen; «kein Faustschlag», sondern Prestigegewinn durch «salbungsvollen Ton» und Konzilianz.

Der Ausgleich mit Frankreich war der Angelpunkt. Die Anerkennung der Westgrenzen bedeutete den Verzicht auf Elsass-Lothringen. Im Gegenzug gelangen das Offenhalten der Saarfrage, die Wiedergewinnung der Souveränität durch Räumung des Rheinlandes vor Termin, ebenso eine Durchbrechung der französischen Umklammerung in Osteuropa durch Bündnisverträge. Erfolge waren gleichfalls das Ende der alliierten Militärkontrolle und der Abschluss des deutsch-französischen Handelsabkommens 1927, das Deutschland erhebliche Erleichterungen bei seiner Rückkehr auf den Weltmarkt einbrachte. Aber das Ziel, von Belgien die Rückgabe Eupen-Malmedys zu erreichen, scheiterte. Ebenso zerschlug sich die Hoffnung auf ein vorzeitiges Ende der zum Symbol gewordenen Reparationen bzw. erfüllte sich erst 1932 mit dem Hoover-Moratorium, drei Jahre nach Stresemanns Tod.

In der Bilanz lag der Gewinn der Verhandlungen von Locarno bei Deutschland, wenngleich der Verzicht auf Elsass-Lothringen und die Vorleistungen des Dawes-Planes die Bedenken der Rechten zu bestätigen schienen, das Reich habe zum zweiten Mal kapituliert. Nur mit Schwierigkeiten erreichte Stresemann von Frankreich das Vorziehen der vereinbarten Gegenleistungen, um seine Rechnung innenpolitisch aufgehen zu lassen. Umso stärker richtete sich das Interesse auf Osteuropa, wo das Reich nun «freie Hand» zu haben schien. Daher verweigerte Stresemann in Locarno eine Anerkennung der Ostgrenzen; das Reich verpflichtete sich stattdessen nur zum Austragen aller Streitigkeiten auf friedlichem Wege. Die französischen Freundschaftsverträge mit Polen und der Tschechoslowakei wurden ebenso in das Paket von Locarno aufgenommen wie die deutschen Schiedsverträge mit diesen beiden Staaten, aber die Ostgrenzen wurden nicht wie die Westgrenzen von den anderen Locarno-Mächten garantiert.

Trotz der Abstufung zwischen Ost- und Westgrenzen bedeutete der Beitritt zum Völkerbund 1926 eine Bindung für das Revisionsstreben, auf den Frankreich daher bestanden hatte; jedoch verlieh der ständige Sitz im Völkerbundsrat dem Reich eine Vetoposition und wertete es zur Großmacht auf. Aber für die konservativen Kritiker Stresemanns musste sich im Osten erweisen, was Stresemanns Verständigungspolitik wert war. Mit der Westbindung habe sich das Reich von Russland abgewandt und sich des Mittels beraubt, durch eine Schaukelpolitik Druck auf den Westen auszuüben. Die Sowjetunion übte ihrerseits starken Druck aus, um Deutschland vom Völkerbundsbeitritt abzuhalten, dessen Ausbau zur antisowjetischen Verschwörung sie befürchtete. Um die Konservativen und die Sowjetunion zu beruhigen, gelangte Stresemann auch hier zu einer doppeldeutigen Lösung. Er setzte durch, dass das Reich sich bei Sanktionen nach Art. 16 der Völkerbunds-Akte nicht zu beteiligen brauchte. Das wurde dahingehend ausgelegt, dass das Reich im Falle eines sowjetisch-polnischen Krieges die Sowjetunion vor einer Völkerbunds-Intervention schützen wolle, um selbst seine Revisionsziele gegenüber Polen durchsetzen zu können. Im Berliner Vertrag von 1926 gab Deutschland der Sowjetunion eine Neutralitätszusicherung, jedoch begrenzt durch die Völkerbunds-Verpflichtungen, versprach Konsultationen und bekräftigte den Vertrag von Rapallo.

Damit schien die Gelegenheit gegeben, die Polenfrage in Angriff zu nehmen. Anhaltende Konflikte wegen der Ausweisung Deutscher, Zollfragen, Enteignungsmaßnahmen usw. hatten die Revisionsfrage angeheizt. Die Bedeutung Polens als Bündnispartner hatte für Frankreich seit Locarno nachgelassen, England zeigte sich eher desinteressiert, während die Sowjetunion kaum verhüllte Angebote zum gemeinsamen Vorgehen machte. Hebel sollte Polens Finanzkrise sein, die eine internationale Sanierungsaktion erforderlich machte, bei der Deutschland eine führende Rolle zukam, da es die Hälfte des polnischen Außenhandels aufnahm. Stresemann plädierte für ein Hinauszögern der Sanierung, um die Krise sich vertiefen zu lassen, «bis das Land für eine unseren Wünschen entsprechende Regelung der Grenzfrage reif» sei – wohl wissend, «wie schwierig das ganze Problem ist». Die Illusionen verflüchtigten sich bald. Kleinere Grenzkorrekturen, wie die Briten sie andeuteten, wären innenpolitisch zu wenig gewesen, bis 1927 mit einer amerikanischen Kreditoperation die Chance erledigt war. Es zeigte sich, dass Locarno dem Reich Bindungen auferlegt hatte, die es ihm unmöglich machten, ohne Krieg oder militärische Pression Revisionsziele zu erzwingen. Staatssekretär Schubert, der den kranken Stresemann mehr und mehr ersetzte, blies alle Maßnahmen ab, da Deutschland durch einen Alleingang gegen Polen Locarno infrage stellen und sich im Völkerbund isolieren könne.

Das bedeutete die totale Umkehrung der ursprünglichen Konzeption, in der die Verständigung mit Frankreich der Ausgangspunkt für eine Revision in Osteuropa sein sollte. Jetzt wurde der Verzicht auf eine Revisionspolitik im Osten zur Grundlage der Verständigungspolitik mit Frankreich. Die normative Kraft der selbst geschaffenen Fakten zwang Stresemann umzulernen. Das unterschied ihn von seinen Nachfolgern. Auch wenn Stresemann diesen Weg nicht immer freiwillig gegangen ist, so hat er diese Politik als die einzige Alternative für eine besiegte Nation eingeschlagen. Seine größte Leistung war, den eigenen Lernprozess innenpolitisch durchgesetzt zu haben, obwohl er zuletzt etwas verbittert auf das «Scheitern» seiner ursprünglichen Ziele zu reagieren begann.

Die konservativen Kritiker Stresemanns hatten nur scheinbar recht behalten, dass der Dawes-Plan das Ende des Revisionismus bedeutete, und erst recht der Young-Plan. Beide brachten dem Reich erhebliche Vorteile, aber eben nur Teilerfolge und nicht die Gesamtrevision. Beide gaben, in Verbindung mit dem Auslaufen verschiedener Strafbestimmungen des Versailler Vertrages 1925, dem Reich wesentliche Teile seiner außenpolitischen und wirtschaftlichen Souveränität zurück. Der Young-Plan reduzierte 1929 die Gesamtsumme der Reparationen auf 112 Mrd. Dollar, zu zahlen in 59 Jahren, sodass sich die Jahresrate von 2,5 auf 2 Mrd. verringerte, in den ersten drei Jahren gar auf 1,7 Mrd. Dafür entfielen alle ausländischen Kontrollen, und das Rheinland wurde bis 1930 vollständig geräumt, fünf Jahre früher als vorgesehen. Doch provozierte diese Geste Frankreichs, wie die von nationalem Freiheitspathos begleiteten Feiern im Rheinland zeigten, nur die Forderung nach weiterem Entgegenkommen. Das deutete darauf hin, dass der von der Rechten in der «Harzburger Front» organisierte Sturm des Protestes gegen den Young-Plan einer in der Bevölkerung breit verankerten Grundstimmung entsprach, auch wenn der von ihr initiierte Volksentscheid gegen die erneute «Versklavung» nur die Zustimmung von 13,8% der Wahlberechtigten fand. Wie sich zeigen sollte, wurde das vermeintliche «Ende des Revisionismus» zum Ausgangspunkt für den «neuen» Revisionismus der nachfolgenden Präsidialkabinette.

III. 1930–1933: Zerfall und Zerstörung

Die Weltwirtschaftskrise traf nicht nur in Deutschland auf eine tief zerklüftete Gesellschaft, die sich in einem schmerzhaften Prozess der Neuorientierung befand. Der fehlende Konsens der sozialen Großgruppen über die fundamentalen Ordnungsprinzipien sowie die damit einhergehenden Wertentscheidungen und Entwicklungspfade führten in der gegebenen Pattsituation zur Blockade des politischen Systems. Auch England oder Frankreich kamen nicht ohne Notstandsmaßnahmen aus, aber doch im Rahmen der Verfassung. Großbritannien überwand die Währungs- und Staatskrise 1931 mit einer Allparteienkoalition parlamentarisch, in den skandinavischen Ländern fanden Koalitionen aus Sozialdemokratie und Landwirtschaft eine historisch neue Konsenslösung. Als die Volksfront in Frankreich an die Macht kam, schien das Land am Rande des Bürgerkriegs, der in Spanien bei einer ähnlichen Konstellation ausbrach. Mit Ausnahme der Staaten Nordwest- und Nordeuropas – dazu die Tschechoslowakei, die einen Sonderfall darstellte – stand in allen anderen Staaten Europas am Ende der Krise die Errichtung unterschiedlich gearteter Diktaturen.

Die Gleichzeitigkeit von Wirtschafts-, Staats- und Kulturkrise, die das Scheitern der Großen Koalition begleitete, war ein europäisches Phänomen. Die Staatskrise lässt sich nicht von der Wirtschaftskrise trennen, ebenso wenig von der Wahrnehmung und Interpretation der Krisen. Aber die Weltwirtschaftskrise von 1929 provozierte in Deutschland eine Staatskrise von solchem Ausmaß, wie es die teils ebenso schwere Wirtschaftskrise von Nachkrieg und Inflation nicht vermocht hatte. Die rasche Abfolge der Krisen trug zur Dramatisierung in der Wahrnehmung der zweiten Krise bei, in der die Furcht vor einer neuen Inflation und einem erneuten Staatsbankrott die politischen

Entscheidungsträger bei der aktiven Krisenbekämpfung zu lange zögern ließ. Das mag das Entstehen einer rechten Massenbewegung erklären, aber nicht den Kollaps des gesamten politischen Systems.

Die Wirtschaftskrise eröffnete die Chance zur Revision der Revolution. Die Destabilisierung des politischen Systems wurde von einflussreichen Gruppen zielstrebig betrieben, als «strategische Gesamtplanung» schon *vor* dem Einsetzen der Weltwirtschaftskrise konzipiert, *vor* dem Scheitern der Großen Koalition und *vor* dem Durchbruch der NSDAP zur Massenbewegung eingeleitet. Im März 1929 hatte Hindenburg Sondierungen mit Alfred Hugenberg eingeleitet, doch der hatte eine Kanzlerschaft abgelehnt. Um Ostern 1929 entwarf Schleicher neue Pläne für eine autoritäre Lösung: ein «Hindenburg-Kabinett», dessen Leitung Brüning erstmals im Dezember 1929 angetragen wurde. Ziel war eine halb konstitutionelle Diktatur, die auf einem korporativ organisierten Interessenausgleich der traditionalen Eliten und der Rückendeckung durch das Militär beruhte.

Wie die parlamentarische Demokratie war die Diktatur ein historisch neuartiges Experiment der Zwischenkriegszeit. Die Abfolge der Präsidialkabinette war ein tastender Suchprozess nach einem stabilen autoritären Regime: Brüning stand für den Versuch eines parlamentarisch tolerierten, Papen für den eines gegen das Parlament und ohne populistische Legitimation, Schleicher für den eines auf außerparlamentarische Legitimation gestützten. Diese Anläufe scheiterten, da sie letztlich zu verfassungsnah blieben, vergeblich auf die Selbstausschaltung des handlungsunfähigen Reichstages setzten und infolge der Verweigerung Hitlers eine Massenbasis nicht gewannen. Da sie einen Interessenausgleich zwischen den sozialen Großgruppen außerparlamentarisch aushandeln wollten, setzte sich das System der Blockade auf anderer Ebene fort. Eine halb konstitutionelle Diktatur war schließlich ohne Hitler nicht mehr möglich. Der jedoch vollzog 1933 in kürzester Zeit den Übergang zur autoritären Diktatur. Damit zerstörte er das Zähmungskonzept seiner Steigbügelhalter, die ihn in ihrem machtgewohnten Dünkel unterschätzten, sodass er 1934, als er sich der Rückendeckung durch die Reichswehr sicher sein konnte, den Übergang zu einer totalitären Diktatur vollziehen konnte.

1. Die Zerstörung der Republik

Für den neuen, antiparlamentarisch-autoritären Kurs schien Heinrich Brüning der ideale Mann: Finanz- und Wirtschaftsfachmann; Weltkriegsoffizier, der seine Befehlsempfängerhaltung gegenüber Hindenburg nie überwand; katholischer Rheinländer mit Kontakten zur Industrie, zugleich in der christlichen Arbeiterbewegung aktiv und bei der SPD geschätzt. Wie sehr Brüning von Hindenburg abhängig war, zeigte sich schon bei der Regierungsbildung. Der Reichspräsident gab dem Kanzler Teile des Programms vor, ebenso Teile des Kabinetts: Schiele (DNVP) und Treviranus als Vertreter der Landwirtschaft, Groener als Militär. Aus der Großen Koalition wurden Finanzminister Moldenhauer und Außenminister Curtius (beide DVP) übernommen, jedoch nur auf Abruf. So kam ein bürgerliches Minderheitenkabinett zustande, das von Beginn an die Erweiterung nach rechts suchte. Die SPD erkannte die Gefahr. Sie bot Brüning die Tolerierung bei dessen Kompromiss zur Arbeitslosenversicherung an, über den sie ihren eigenen Kanzler gestürzt hatte. Bedingung war, dass Schiele und Treviranus nicht ins Kabinett aufgenommen würden. Brüning wollte die «Brücken zur Mitte» noch nicht abbrechen und «das Wohlwollen der gemäßigten Kreise der SPD» nicht verlieren; er brauchte sie für seine verfassungsändernden Finanzreformen wie in Preußen. Doch Hindenburg machte seinem Kanzler unmissverständlich klar, dass weder eine Regierung mit der SPD noch eine quasi-parlamentarische Lösung durch deren Tolerierung erwünscht sei.

Brüning gehorchte und eröffnete in seiner Regierungserklärung dem Reichstag den neuen Stil: Gemäß dem vom «Herrn Reichspräsidenten erteilten Auftrage» fühle sich seine Regierung nicht an eine Koalition gebunden. Er werde nicht mehr «mit einzelnen Gesetzen» arbeiten, so erläuterte er in seinen Memoiren, sondern «mit großen zusammenfassenden Regierungsvorlagen, im einzelnen nicht mehr abzuändern, die einen, *meiner* Ansicht nach, möglichen Kompromiß zwischen den Parteien vorwegnahmen». Dem Reichstag drohte er, wenn eine derartige Lösung nicht möglich sei, werde die Regierung «nicht vor außergewöhnlichen Mitteln zurückscheuen». Brüning verlangte vom Reichstag also die Selbstentmachtung. Nahm dieser sein Recht in Anspruch, Regierungsvorlagen abzulehnen, wurden ihm die Auflösung und der Erlass per Notverordnung angedroht. Im Juli tat der Reichstag Brüning den Gefallen. Inzwischen hatte der seine Deflationspolitik eingeleitet: Kürzung der Staatsausgaben, «Notopfer» der Festbesoldeten, Sonderleistungen der Höherverdienenden, Steuererhöhungen und Sanierung der Arbeitslosenversicherung durch Leistungsabbau. Eine negative Allianz aus DNVP, NSDAP, KPD und SPD ließ die Regierungsvorlage scheitern, die per Notverordnung in Kraft gesetzt wurde. Dass ein vom Reichstag abgelehnter Entwurf in eine Notverordnung umgewandelt wurde, galt als verfassungswidrig. Als die SPD die Aufhebung der Notverordnung beantragte, ergab sich erneut eine Mehrheit. Die zweifach gescheiterte Notverordnung wurde trotzdem erlassen, der Reichstag aufgelöst. Damit begann die permanente Durchbrechung der Verfassung zugunsten der Diktaturgewalt des Reichspräsidenten.

Die Wahlen im September 1930 erbrachten auf der Rechten neben der Halbierung von DNVP (7%) und DVP (4,5%) vor allem den kometenhaften Aufstieg der NSDAP auf 18,3%. Die Mitte blieb stabil, aber zersplittert, während auf der Linken eine Verschiebung von der SPD (24,5%) zur KPD (13,1%) stattfand. Wie 1928 wurden 14% der Stimmen für Splitterparteien abgegeben. Eine Mehrheitsbildung wäre möglich gewesen: aber nur auf der Grundlage der Sammlung von Arbeitgebern und Gewerkschaften. Die Parteien der gescheiterten Großen Koalition verfügten über ca. 300 von 577 Mandaten. Doch ohne Stresemann war von der DVP eine Koalition mit der SPD kaum mehr zu erwarten, obwohl sich bei der Industrie, wie schon im Juni 1930, mit Rücksicht auf amerikanische Kredite – und mit gewisser Bitterkeit – die Stimmen mehrten, die zur Einbeziehung der SPD bereit waren. Eine mögliche Erneuerung der Großen Koalition hatte Brüning bereits im Juli mit der Auflösung des

Reichstages verhindert. Jetzt lehnte er die Forderung des Reichsverbandes der Deutschen Industrie (RDI) nach einer Großen Koalition erneut ab. Allerdings stand auch für die gemäßigten Industriellen fest, «daß nunmehr die Demokratie die *allerletzte* Chance hat». Sollte sie diese verpassen, «dann muß auf einem anderen Wege der Versuch gemacht werden». Während Schleicher einen neuen Plan zur Abwendung von der Demokratie entwarf, versuchte der Kanzler, eine rechte Mehrheit zu finden. Brüning nahm den Aufstieg der NSDAP keineswegs fahrlässig in Kauf. Er wollte die DNVP gefügig machen. Verweigerte sich die, bestand die Chance, über die NSDAP eine rechte Massenbasis zu gewinnen. Am 6. Oktober unterbreitete er Hitler ein Angebot. Doch konnte den eine abgestimmte Rollenverteilung zwischen Regierung und tolerierender NSDAP ebenso wenig reizen wie das Angebot, auch in den Ländern auf eine Koalition von Zentrum und NSDAP hinzuarbeiten.

Brüning musste sich nach anderen Bündnispartnern umsehen. Dafür blieb nur die ungeliebte SPD, die sich in eine Zerreißprobe begab. Sie tolerierte Brüning, um dessen Hinwendung zur NSDAP zu verhindern, deckte damit aber seine unpopuläre Sparpolitik. Man nannte das die Politik des «kleineren Übels». Die KPD nannte es «Sozialfaschismus»: Die SPD habe sich zur letzten Stütze des vor dem Zusammenbruch stehenden kapitalistischen Systems gemacht und müsse vorrangig bekämpft werden. In der SPD selbst formierte sich gegen die Tolerierung eine starke Minderheit, auch wegen der Konkurrenz der KPD: «Man müsse die Rechte zur Regierung kommen lassen, damit sie sich einschließlich der Nationalsozialisten abwirtschafte.» Diese Strategie hatte bereits etwas Fatalistisches. Der Mehrheitskurs kostete die Partei jedoch ihre Glaubwürdigkeit, als Brüning mit der Notverordnung vom 5. Juni harte Schnitte bei den Löhnen durchsetzte, um die Finanzkrise zu bekämpfen.

Auf der anderen Seite honorierte die Industrie seine Deflationspolitik nicht. Die Kritik richtete sich abermals gegen die staatliche Einflussnahme auf die Tarifpolitik, gegen das «politisch diktierte Wirtschaftssystem», das zwischen Kapitalismus und Sozialismus schwanke und in dem «dem Kapitalismus die

Fehler des Sozialismus zur Last gelegt werden». Der «Generalangriff» auf Brüning hatte Erfolg. Der bot am 7. Oktober seinen Rücktritt an, wurde aber erneut mit der Bildung eines Kabinetts beauftragt, weil eine Alternative nicht in Sicht war. Der Ausgang der Krise war noch zu unübersichtlich, als dass sich die Rechte mit der Verantwortung belasten wollte, die sich am 11. Oktober 1931 in Bad Harzburg neu formierte. Als sich im April 1932 der Durchbruch in der Reparationsfrage ankündigte, war Brünings Sturz aber beschlossene Sache. Ebenfalls im April wurde Hindenburg mit 53 zu 36,8 % gegen Hitler wiedergewählt, die preußische SPD-Regierung verlor in den Wahlen die Mehrheit, das von den Ländern erzwungene SA-Verbot störte die Pläne der Reichswehr, die hier ein Rekrutierungspotential gefährdet sah, und ein Siedlungsprogramm im Osten wurde von den Großagrariern als «agrarbolschewistisch» bekämpft.

Brünings Sturz am 30. Mai 1932 war, wie seine Einsetzung als Kanzler, von langer Hand vorbereitet und vollzog sich ebenso schnell. Die Wahl des Nachfolgers, Franz von Papen, war bezeichnend: westfälischer Adeliger mit angeheirateten Beziehungen zur Industrie des Saarlandes, Vorstandsmitglied landwirtschaftlicher Interessenverbände, Mitglied des Herrenclubs in Berlin, wo sich militärisch-agrarische Kreise ein Stelldichein gaben, Jahrgangskamerad Schleichers auf der Generalstabsschule und Weltkriegsoffizier. Die Mitglieder seines «Kabinetts der Barone» waren wieder von Hindenburg vorgegeben: Agrarier und Militärs. Damit war endlich das «Hindenburg-Kabinett» erreicht, das «überparteiliche» Kabinett von «Fachleuten». Die drei DNVP-Minister (neben fünf Parteilosen) traten aus ihrer Partei aus, während Papen aus dem Zentrum ausgeschlossen wurde. Auch programmatisch handelte es sich um ein Hindenburg-Kabinett: eine «nationale Regierung», die den «Neuen Staat» mit einer «autoritär fundierten Obrigkeit» schaffen wollte, aber zugleich der «Romantik der Träume vom Dritten Reich» eine Absage erteilte. Gegen die «Mißwirtschaft der Parlamentsdemokratie», den «sich ständig steigernden Staatssozialismus», gegen den Klassenkampf und die «moralische Zermürbung» des Volkes wollte man das Gemeinwesen auf seine «ständischen Grundlagen» zurückführen und die «unveränderlichen Grundsätze der christlichen Weltanschauung» wieder zur Geltung bringen.

Doch Papen konnte sich den gesellschaftlichen Bindungen seiner Regierung ebenso wenig entziehen wie den politischen Konstellationen. Um die negative Tolerierungskoalition von links mithilfe der NSDAP durch eine solche von rechts zu ersetzen, war er zu Vorleistungen bereit. Die erste war die Aufhebung des SA-Verbotes am 16. Juni, die die politischen Gewalttaten sprunghaft ansteigen ließ. Schießereien zwischen Kommunisten und Nationalsozialisten waren an der Tagesordnung. Höhepunkt wurde der Altonaer «Blutsonntag» am 17. Juli; bei einem «Provokationsmarsch» der SA wurden diese und die Polizei von Kommunisten u. a. mit leichten Maschinengewehren beschossen. Hatte Papen die Aufhebung des SA-Verbotes mit der Herstellung von «Chancengleichheit» zwischen NSDAP und KPD begründet, so schlussfolgerte er jetzt aus der selbst provozierten Eskalation: Da die Polizei nicht gegen KPD und NSDAP gleichzeitig kämpfen könne, müsse die NSDAP in den Staat integriert werden. Seine zweite Vorleistung waren die Neuwahlen am 31. Juli. Die Auflösung des Reichstages begründete Hindenburg, verfassungsrechtlich fragwürdig, damit, dass dieser nach dem Ergebnis der Preußenwahl vom April 1932 nicht mehr dem politischen Willen des Volkes entspreche. Das sollte 1933 das Argument bei der Gleichschaltung der Länderparlamente werden!

Dass Papen den Vorrang des Staates vor der Wirtschaft betonte und Zugeständnisse an die Landwirtschaft ankündigte, stieß auf den Widerstand der Industrie. Die war jetzt noch weniger als unter Brüning bereit, zugunsten einer agrarisch-industriellen Sammlungspolitik ihre Interessen zurückzustellen. Während die Agrarier auf die Abschottung vom Weltmarkt durch Schutzzölle drängten, forderte die Industrie eine liberale Handelspolitik zugunsten einer Exportoffensive. Letztlich konnte Papen seine Ankündigung nicht wahr machen, im Konfliktfalle der Landwirtschaft den Vorrang einzuräumen, was deren Kooperation mit der NSDAP festigte. Er musste vielmehr den Strukturzwängen eines Industriestaates weiter nachgeben: durch Arbeitsbeschaffungsmaßnahmen und Konjunkturpolitik. Zur Entlastung der Wirtschaft betrieb die Regierung eine Kreditschöpfung von ca. 2 Mrd. RM und lockerte per Notverordnung die Fesseln des Tarifwesens weiter. Die Tariflöhne durften um bis zu 12,5 % unterschritten werden, wenn mit den frei werdenden Geldern neue Arbeitskräfte beschäftigt wurden. Massive Arbeitskämpfe waren die Folge. Den Höhepunkt bildete der mit Gewalt und Ausschreitungen geführte Streik bei den Berliner Verkehrsbetrieben im November 1932, den die kommunistische Revolutionäre Gewerkschafts-Opposition und die NS-Betriebszellen-Organisation gemeinsam führten: gegen die freien Gewerkschaften, gegen die SPD und gegen die Regierung. Auch wenn die beiden radikalen Flügelparteien sich hier gegen die verhasste Republik zusammenschlossen, minderte das keineswegs den ebenso hasserfüllten Kampf gegeneinander. Der Streik ließ aber auch die Bereitschaft der Arbeiter erkennen, in ihrer Not den beiden radikalen Parteien zu folgen bzw. sich von den etablierten Gewerkschaften abzuwenden, die diese Entwicklung nicht erkannt hatten.

Neben seinem Umsteuern zu einer aktiven Konjunkturpolitik war Papens folgenreichste Tat der «Preußen-Schlag» vom 20. Juli 1932. Es ging sowohl um die Entmachtung der SPD als auch um einen weiteren Schritt zum unitarischen Einheitsstaat. Mit dem zunehmenden Rückgriff auf den Art. 48 unter Brüning hatte eine schleichende «Gleichschaltung» der Länder eingesetzt, da der Bundesrat ausgeschaltet wurde. Sondermaßnahmen, wie Osthilfe oder Arbeitsdienst, wurden durch «Reichskommissare» über die Länderkompetenzen hinweg organisiert. Die Notverordnung zur Bekämpfung politischer Ausschreitungen 1931 unterstellte das Polizeiwesen dem Reichsinnenminister. Das konnte man noch mit einem reichseinheitlichen Vorgehen gegen den latenten Bürgerkrieg legitimieren. Doch Papen arbeitete darauf hin, die Weimarer Koalition in Preußen durch eine NSDAP-Zentrums-Regierung abzulösen. Den Vorwand bot das Wahlergebnis vom April 1932, das weder der alten Regierung noch der Opposition eine Mehrheit brachte; die Regierung war nur noch geschäftsführend. Damit entstand in Preußen die gleiche Situation wie zuvor schon in Bayern und Sachsen (Sommer 1930), Hessen (Dezember 1931), Württemberg (März 1932) und Hamburg (Oktober 1931). Am 20. Juli wurde die geschäftsführende preußische Regierung ihres Amtes enthoben. Als Begründung diente die Kommunistengefahr: Der KPD (16%) sei zwischen der rechten Mehrheit von 47% und der linken Minderheit von 37% eine Schlüsselfunktion zugefallen; es bestehe die Tendenz, die KPD in «eine Einheitsfront gegen die aufstrebende Bewegung der NSDAP» einzureihen. Dass die Reichswehr an allen wichtigen Punkten Berlins aufzog, unterstrich den Charakter des Staatsstreichs. Die preußische Regierung leistete nur symbolischen Widerstand, setzte auf den Weg des Rechts. Als das Reichsgericht Ende 1932 entschied, die Regierung sei wieder einzusetzen, ohne gleichzeitig den Reichskommissar zu entfernen, waren bereits fast alle Oberpräsidenten, Regierungspräsidenten, Polizeipräsidenten und eine Reihe von Landräten ausgetauscht worden.

Schon am 16. Juli hatte sich die SPD auf «strikteste» Legalität festgelegt: kein Generalstreik. Der wäre auf einen Staatsstreich hinausgelaufen, und dazu waren SPD und Gewerkschaften nicht bereit. Reichsbanner und Eiserne Front hätten den paramilitärischen Verbänden der Rechten vielleicht eine Zeit lang widerstehen können, der Reichswehr dagegen nicht. Zwar gab es lokal Kampfbereitschaft bei Einheiten der Eisernen Front; aber die rissen nicht wie 1920 die Initiative an sich, der eine zögernde Führung folgen musste. Die Gewerkschaften hatten seit ihren Niederlagen von 1930 keine größeren Lohnstreiks mehr gewagt. Anders als beim Kapp-Putsch war in den Betrieben die Stimmung mehrheitlich gegen einen Streik: «Damals hat es auch keine Massenarbeitslosigkeit gegeben», lautete eine weitverbreitete Begründung. Die SPD selbst war in sich gespalten; der linke Flügel war bereit, die indirekte Stützung des kapitalistischen Systems aufzugeben und den Kollaps der Republik in Kauf zu nehmen. Ähnlich fragte man sich in den Gewerkschaften, ob man Überlebenshelfer des Kapitalismus oder dessen «fröhlicher Erbe» sein wolle. Vielleicht wurde hier eine Chance vertan, Hitler zu verhindern. Joseph Goebbels jedenfalls triumphierte: «Die Roten haben ihre große Stunde verpaßt. Die kommt nie wieder.» In jedem Fall aber verlor die SPD mit dieser Machtposition auch den letzten Rest an Einfluss auf die Innenpolitik. Sie blieb vollkommen isoliert und konnte dem Ausverkauf «ihrer» Republik nur noch hilflos zuschauen.

Es wirkte wie ein nachträgliches Votum gegen einen Generalstreik, wenn die SPD bei den Reichstagswahlen auf 21,6% zurückfiel, ohne dass dies der KPD zugute kam (14,5%). Es war Hitler, der die Wahlen vom 31. Juli triumphal mit 37,4% gewann. Selbst zusammen lagen SPD und KPD damit hinter der NSDAP. Mit Ausnahme der katholischen Parteien, die leichte Gewinne verbuchten, verloren alle anderen Parteien: die DNVP (5,9%), erst recht die beiden liberalen mit jeweils rund 1%. Jetzt war eine parlamentarische Regierung unmöglich geworden. Allerdings reichte es auch für die NSDAP im Bündnis mit anderen Rechtsparteien nicht, solange sich das Zentrum versagte. Papen lehnte Bemühungen der Regierung um eine feste Koalitionsmehrheit im Reichstag ab, forderte jedoch erneut, die NSDAP müsse am Wiederaufbau des Reiches mitwirken. Die antwortete mit einer Welle der Gewalt. Die Regierung erließ eine Notverordnung gegen den politischen Terror und beschloss die Einsetzung von Sondergerichten. Gleichwohl verhandelten Schleicher und Papen mit Hitler und machten ihm neue Zugeständnisse. Beide waren jetzt bereit, Hitler den Weg zur Macht zu öffnen, sofern Sicherungen eingebaut wurden. Doch scheiterte das an Hindenburg, da Hitler sich nicht mit der Vizekanzlerschaft begnügte.

Nachdem der Reichstag Papen mit 512:42 Stimmen das Misstrauen ausgesprochen hatte, trat dieser die Flucht nach vorne an und betrieb abermals die Auflösung des Reichstages. Diese wurde damit begründet, dass «die Gefahr besteht [!], daß der Reichstag die Aufhebung meiner Notverordnung vom 4. September des Jahres verlangt». Reichte bei Brüning die Tatsache eines solchen Verlangens, so genügte bei Papen der bloße Verdacht. Die ursprüngliche Absicht, Neuwahlen über den vorgeschriebenen Zeitraum von 60 Tagen hinauszuzögern, um angesichts des behaupteten akuten «staatsrechtlichen Notstandes» Zeit für die Durchsetzung einer neuen, autoritären Verfassung zu gewinnen, musste aufgegeben werden. Denn Zentrum und NSDAP, die zusammen über eine Mehrheit verfügten und gemeinsam Hermann Göring zum Reichstagspräsidenten wählten, prüften bereits die Möglichkeit, den Reichspräsidenten wegen Verfassungsbruchs anzuklagen, sollten die Wahlen nicht im vorgeschriebenen Zeitrahmen durchgeführt werden. Damit waren die Pläne für eine «Verfassungsreform» erledigt, die den Reichstag entmachten, die radikalen Parteien durch eine Wahlrechtsänderung schwächen und die Gewichte im Machtgefüge endgültig zugunsten des Reichspräsidenten verschieben sollten. Ähnlich kläglich scheiterte die Regierung auch auf anderen Politikfeldern, als sie z. B. ihre Ankündigungen zur zollpolitischen Begünstigung der Landwirtschaft aufgrund der Widerstände im In- und Ausland zurücknehmen musste. Erfolge wurden in der Außen- und Wehrpolitik erzielt; doch hier konnte die Regierung noch am ehesten auf innenpolitische Zustimmung rechnen. Aber im Wahlkampf war nicht zu erkennen, wo die Regierung entscheidende Rückendeckung für ihre Politik hätte finden können. Papen konnte lediglich relativ sicher sein, dass es vorläufig zu keinem tragfähigen Bündnis der Parteien gegen ihn oder gar zu einer Koalition kommen würde. Die Parteien bekämpften sich erbittert, bis zum politischen Mord. Dennoch kam es sporadisch zu Kooperationen oder doch entsprechenden Sondierungen: Die Freien Gewerkschaften nahmen Kontakt auf zur NS-Betriebszellen-Organisation (NSBO); die SPD dachte zumindest vorübergehend über ein gemeinsames Vorgehen mit der NSDAP gegen die sozialpolitische Notverordnung Brünings vom 4. September durch ein Volksbegehren nach; die NSBO und die kommunistische Revolutionäre Gewerkschaftsopposition (RGO) führten gemeinsam den erbitterten Streik bei den Berliner Verkehrsbetrieben. Doch das waren taktische Bündnisse, negative Koalitionen gegen die Regierung, um deren Hilflosigkeit und Handlungsunfähigkeit zu demonstrieren, aber keine belastbare Alternative.

Die Wahlen vom 6. November erbrachten eine Überraschung:

Die NSDAP verlor erstmalig und ging um 4 Prozentpunkte auf 33,1 % der Stimmen zurück. Zweistellig waren die Verluste gerade in den Ländern, in denen sie die Regierung stellte: Oldenburg, Mecklenburg-Schwerin, Braunschweig, Anhalt und Thüringen; 14 Tage später waren es 20 % bei den Gemeinderatswahlen in Sachsen, weitere 14 Tage später 25 % bei denen in Thüringen. Die NSDAP verlor in bürgerlichen Wahlbezirken stark, meist zugunsten der DNVP. Im Wahlkampf hatte Gregor Strasser, Reichsorganisationsleiter und führender Repräsentant des linken Parteiflügels, sein Arbeitsbeschaffungsprogramm vom Mai 1932 in den Vordergrund gerückt. Dieses, die radikale Anti-Papen-Propaganda, die bis zum Mord gesteigerte Radikalität und der gemeinsame Streik mit der RGO bei den Berliner Verkehrsbetrieben hatten viele bürgerliche Wähler verschreckt. Jedoch gewann die Partei in Arbeitervierteln hinzu, besonders in Berlin; im Ruhrgebiet brach sie erstmals in KPD-Hochburgen ein. Die NSDAP schien nach «links» gerückt. Auch Zentrum (11,9 %), BVP (3,1 %) und SPD (20,4 %) verloren an Stimmen, während die Liberalen sich in ihrer Bedeutungslosigkeit stabilisierten. Neben der DNVP (8,9 %) war der Hauptgewinner die KPD (16,9 %), die ihrem Stimmenanteil nach an die SPD heranrückte. Die Parteien, die in unbedingter Opposition zu Papen standen, vereinigten rund 90 % der Stimmen auf sich. Allein NSDAP und KPD kamen zusammen auf 50 %.

Papen sah sich am 17. November zum Rücktritt gezwungen, wurde aber von Hindenburg erneut mit der Regierungsbildung beauftragt; als ihm das nicht gelang, wurde er am 3. Dezember endgültig entlassen. Sein Scheitern führte deutlich vor Augen, dass sich auch ein autoritäres Präsidialkabinett nicht ohne die Unterstützung einer Massenbewegung halten konnte. Hindenburgs Forderung, dass ein Präsidialkabinett oberhalb der Parteien regieren, aber gleichzeitig über eine parlamentarische Mehrheit verfügen solle, wäre nur durch die Selbstentmachtung des Reichstags möglich gewesen; doch dazu war keine der Parteien bereit. Vor allem war es Papen nicht gelungen, die NSDAP einzubinden. Mit seinen Zugeständnissen hatte er lediglich die Eskalation bürgerkriegsähnlicher Gewalt provoziert. Schleicher warnte vor blutigen Unruhen, sollte Papen im Amte bleiben, und die Reichswehr wollte nicht garantieren, einen Generalstreik oder einen Aufstand von KPD und NSDAP niederschlagen zu können. Das Schwanken des Reichskanzlers zwischen Wirtschaftsliberalismus und Staatsintervention, zwischen Agrarprotektionismus und industriefreundlicher Konjunkturpolitik hatte die Gegensätze innerhalb der Wirtschaft zwar gemindert, aber keine gemeinsame Front geschaffen, die ihm politische Unterstützung gebracht hätte.

Nach Papens Scheitern gab es nur noch zwei Alternativen, die Hindenburgs Forderungen entsprachen: der «Querfront»-Plan Schleichers oder eine Mehrheitsregierung unter Führung der NSDAP. Eine Diktatur Hugenbergs, die dieser zu lancieren versuchte, fand nirgends Rückhalt. Und Hindenburg weigerte sich erneut, Hitler alle Vollmachten eines Präsidialkabinettes zu gewähren, da er eine «Parteidiktatur mit allen ihren Folgen für eine außerordentliche Verschärfung der Gegensätze» befürchtete. So erhielt mit Schleichers Ernennung zum Reichskanzler am 3. Dezember ein ungewöhnlicher Ansatz seine Chance. Denn dieser sah das Risiko einer autoritären Regierung deutlicher als Papen: Man könne «auf die Dauer nicht ohne eine breite Volksstimmung hinter sich regieren». Daher wollte er die Gewerkschaftsflügel der Parteien von der SPD bis zur NSDAP in einer «Gewerkschaftsachse» auf der Grundlage einer Arbeitsbeschaffungs- und Konjunkturpolitik zusammenbinden. Damit schien zudem nicht nur eine Ablösung des ADGB von der SPD denkbar, sondern vor allem auch eine Schwächung der NSDAP, wenn nicht sogar die Spaltung der beiden stärksten Fraktionen im Reichstag. Mit der «Gewerkschaftsachse» wäre eine außerparlamentarische, im Kern parteienunabhängige Massenbasis möglich geworden, die der Regierung Legitimation gegenüber einem geschwächten Reichstag verliehen hätte.

Ausgangspunkt der «Querfront»-Bemühungen war, dass sich die ADGB-Führung am 30. Juli 1932, nur zehn Tage nach dem Staatsstreich in Preußen, der autoritären Regierung Papen als stabilisierender Faktor anbot und sich damit von der SPD zu distanzieren begann. Die Gewerkschaften hatten sich gegen den

Widerstand der SPD dem 1931 gegründeten Freiwilligen Arbeitsdienst geöffnet, obwohl der 1932 paramilitärische Züge annahm. Das Gleiche galt für das Reichskuratorium für Jugendertüchtigung, das unter der Führung des Generals Joachim von Stülpnagel im Auftrag der Reichswehr die Sammlung aller Wehrverbände («quer» zu den Parteien) zur Aufgabe hatte und in dem auch das Reichsbanner Schwarz-Rot-Gold mitarbeitete. Vor allem lockte Schleichers Bereitschaft zu einer aktiven Konjunkturpolitik. Daher hatte sich der ADGB auf über diesen lancierte Gespräche mit dem Strasser-Flügel der NSDAP eingelassen. Zusätzlich bot der Kanzler die Aufhebung der Notverordnung vom 5. September an, die das Tarifrecht einschränkte. Und mit Günther Gereke setzte er einen Reichskommissar für Arbeitsbeschaffungsmaßnahmen ein, der bereit war, auf den gewerkschaftlichen «WTB-Plan», benannt nach seinen Urhebern Woytinsky, Tarnow, Baade, zur Belebung der Konjunktur einzugehen. In dem Arbeitsbeschaffungsausschuss des Landgemeindetages, dessen Präsident er war, waren Mitglieder von der NSDAP bis zur SPD, vom Stahlhelm bis zum Reichsbanner vereint. Deren Vertreter, darunter ein Vertrauensmann Strassers, konnte er als Mitarbeiter gewinnen. Es ist fraglich, ob der ADGB einen Bruch mit der SPD verkraftet hätte, ob er den Querfront-Kurs gegenüber den Mitgliedern hätte durchsetzen können. Jedenfalls ließen die Gewerkschaften erkennen, dass sie zur Zusammenarbeit mit Schleicher bereit waren.

Doch der Angelpunkt der «Querfront»-Strategie war Strasser. Bei der Vorstellung seines «Sofortprogramms» für «Arbeit und Brot» im Mai 1932 hatte er kaum verhüllte Kooperationsangebote an ADGB und SPD gemacht, durch Arbeitsbeschaffung gemeinsam eine Lösung des Arbeitslosenproblems zu suchen. Da er nicht mehr glaubte, dass seine Partei aus eigener Kraft an die Macht gelangen werde, erklärte er sich bereit, als Minister in ein Kabinett einzutreten, allerdings nur mit Hitlers Zustimmung. Als der sich nach der Wahlniederlage vom November 1932 dem Modell versagte, zog Strasser seine Zusage zurück. Aber noch waren die innerparteilichen Kämpfe nicht entschieden. Bei SA und NSBO stieß Hitlers Unnachgiebigkeit immer mehr auf Unverständnis. Der Partei drohte ein erhebliches Wählerpotential verloren zu gehen, wenn sie sich einer konstruktiven Politik versagte: Zuletzt waren 40% der Stimmen für die NSDAP von Arbeitern abgegeben worden. Vorübergehend schien Hitler bereit, Strassers Eintritt in eine Regierung Schleicher zu akzeptieren. Doch am 1. sowie am 4./5. Dezember erlitt Strasser innerparteilich die entscheidende Niederlage, obwohl ca. ein Drittel der Reichstagsfraktion und ein Großteil des mittleren Führungskorps seinen Kurs unterstützt haben soll. Eine Parteispaltung schien bevorzustehen. Doch Strasser nahm den Kampf nicht auf, sondern trat am 8. Dezember von allen Parteiämtern zurück und fuhr in den Urlaub. Für wie gefährlich Hitler die Situation eingeschätzt hatte, lässt die Tatsache erahnen, dass Strasser wie Schleicher während des «Röhm-Putsches» liquidiert wurden.

So vage die Möglichkeit war, dass ein autoritäres Regime mit gewerkschaftlicher Unterstützung hätte regieren können, so entscheidend hat sie doch zu Schleichers Sturz beigetragen. Obwohl er eine energische Bekämpfung der Wirtschaftskrise einleitete, obwohl er in seiner Ämterkombination von Reichskanzler und Reichswehrminister Schutz gegen einen Putsch der NSDAP signalisierte – außer bei der politischen Mitte erfuhr er keinen Rückhalt. Die SPD kündigte «allerschärfste Opposition» an. Ebenso konnte er bei den großen Interessenverbänden nicht auf entscheidende Rückendeckung rechnen. Der Reichslandbund (RLB) stand unter dem Einfluss der NSDAP. Wollte Schleicher die Gewerkschaften gewinnen, musste er eine arbeitnehmerfreundliche Lohn-, Preis- und Konjunkturpolitik einleiten. Dazu passte kein Zollschutz für die Landwirtschaft, auch kein Vollstreckungsschutz für überschuldete Betriebe. Als die Regierung zögerte, den protektionistischen Forderungen der Landwirtschaft nachzukommen, führte das zu einem Generalangriff des RLB, der der Regierung «die Ausplünderung der Landwirtschaft zugunsten [...] der international eingestellten Exportindustrie» vorwarf. Doch auch die Industrie, die für ihre Forderung nach Exportorientierung auf Sympathien rechnen konnte, lehnte Schleicher ab. Seine Politik war ihr zu staatsinterventionistisch und zu gewerkschaftsnah. Aber Wunschkandidat der meisten Industriellen war nicht Hitler, sondern Papen, der nachträglich mit viel Lob überschüttet wurde. Von Hugenberg befürchtete man einen landwirtschaftsfreundlichen Kurs, von dem ehemaligen Reichsbankpräsidenten Hjalmar Schacht eine Autarkiepolitik. Doch der Einfluss der Industrie auf die politischen Weichenstellungen dieser Tage war eher gering – fast zu gering.

Favorisierte die Industrie jetzt Papen, so die Landwirtschaft Hugenberg. Aber beide, Papen wie Hugenberg, kamen für ihre Bestrebungen ohne Hitler nicht mehr aus, der ihnen die von Hindenburg geforderte Massenbasis zuführen sollte. Hitler aber wollte Kanzler werden, nicht Vizekanzler unter einem der beiden. Papen hatte das inzwischen akzeptiert, Hugenberg, der seine Stunde gekommen sah, noch nicht. Er wurde aber am 30. Januar 1933 überfallartig düpiert. Entscheidend für die Machtübertragung an Hitler war, dass es Papen gelang, die «Harzburger Front» wiederzubeleben und Hitler, Hugenberg, die Großlandwirtschaft und den Hitler-Flügel der Industrie gegen Schleicher zu vereinen. Der Durchbruch gelang in dem Gespräch zwischen Papen und Hitler am 4. Januar 1933 im Hause des Kölner Bankiers Kurt von Schröder. Mitte Januar verlor Schleicher beim Reichspräsidenten an Vertrauen durch seinen Konflikt mit dem Reichslandbund. Hindenburgs Widerstand gegen Hitler war aufgeweicht. Als es auch Schleicher nicht gelang, seiner Regierung eine parlamentarische Fundierung mithilfe der NSDAP zu verleihen, verfiel er auf den gleichen Ausweg wie Papen: den «Staatsnotstand» zu erklären sowie mit Rückendeckung des Reichspräsidenten den Reichstag auszuschalten und Neuwahlen bis zum Herbst zu verschieben. Doch Hindenburg verwies auf seinen Verfassungseid und forderte den Kanzler zu Sondierungen mit den Parteien auf, ob «diese den Staatsnotstand anerkennen und den Vorwurf eines Verfassungsbruchs nicht erheben würden». Erwartungsgemäß lehnten diese ab, nicht zuletzt SPD und Zentrum, denen der Buchstabe der Verfassung wichtiger war, als eine Regierung Hitler zu verhindern. Schleicher blieb nur der Rücktritt.

In aller Eile wurde das Kabinett Hitler zusammengestellt, das im Reichstag über ca. 46% der Stimmen verfügte, aber wie seine Vorgänger eine Präsidialregierung war. Hindenburg wurde die Entscheidung erleichtert, indem mehrere konservative Minister im Amt blieben, Hitler sich mit einer kleinen Zahl von Ministerien für seine Partei begnügte und schließlich auf das Reichswehrministerium verzichtete, das der Reichspräsident (verfassungswidrig) zuvor an Werner von Blomberg vergeben hatte. Papen und vor allem Hugenberg galten als die starken Männer, wobei etwa dem Zentrum Hugenberg als gefährlicher erschien als Hitler, da Letzterer erkannt habe, «dass eine Diktatur unmöglich» sei. Nachdem Hitler Verhandlungen mit Zentrum und Bayerischer Volkspartei über eine Verbreiterung der parlamentarischen Basis zugesagt hatte, stand seiner Ernennung nichts mehr im Wege; auch nicht der Auflösung des Reichstages und abermaligen Neuwahlen, von denen die NSDAP nur profitieren konnte. Die Bedenken seiner Koalitionspartner und Hindenburgs waren nicht überwunden, aber das Kabinett war die einzig verbliebene «parlamentarische» Lösung, die der Reichspräsident gefordert hatte. Dessen Wille, die Verfassung nicht zu brechen, sollte das Ende dieser Verfassung innerhalb kürzester Zeit bedeuten.

2. Weltwirtschaftskrise

Die Zwischenkriegszeit war weltweit von einer Stagnation der Wirtschaft gekennzeichnet. Die globale Industrieproduktion wuchs 1913–1938 um 80%, doch das war nur halb so viel wie in den 25 Jahren vor Ausbruch des Weltkrieges. Wurde der Krieg mit einem Rückgang des Sozialprodukts Europas um 30% und der Zerrüttung der Staatsfinanzen bezahlt, so führte der Frieden zur Zerschlagung gewachsener Wirtschaftsräume durch neue Zollgrenzen und wirtschaftsnationale Abgrenzung, zur Entstehung bzw. Expansion außereuropäischer Produktionsstandorte, zu veränderten europäischen wie globalen Austauschbeziehungen. Die Kosten des Krieges allein können nicht primäre Ursache der Stagnation gewesen sein, obwohl Großbritannien ein Viertel seiner globalen Kapitalinvestitionen für den Krieg aufgewendet hatte, Frankreich die Hälfte. Die noch größeren Kosten des Zweiten Weltkrieges behinderten ein stürmisches Wachstum nach 1948 nicht.

Die europäische Deflationskrise von 1920 hatte nicht zu einer vergleichbaren Zuspitzung geführt. Damals hatte der Völkerbund die Stabilisierung verschiedener Währungen übernommen, Deutschland mit seinem inflationsfinanzierten Rekonstruktionsboom 1920/21 für Nachfrage auf dem Weltmarkt gesorgt. Mitte der 20er-Jahre intervenierten die USA durch eine politische Lösung der Reparationskonflikte sowie die Kreditierung dieses Ausgleichs. Nach 1929 fehlte nicht nur ein Moderator auf der internationalen Ebene, die Staaten reagierten aus innen- wie außenpolitischen Erwägungen auch anders als 1920. Damals war der Wille zur Stabilisierung nicht zuletzt innenpolitisch motiviert, um eine Machtergreifung der Linken zu verhindern. 1929 hatte sich die Akteursszene grundlegend gewandelt: durch den Verlust der politischen Mitte, die Kämpfe um die Finanzierung der Sozialpolitik sowie die Folgen der forcierten Industrialisierung in den neuen Staaten Osteuropas. Jetzt zielte die Politik nicht auf Stabilisierung, sondern auf Revision durch Destabilisierung. Wirtschafts-, Handels- und Finanzpolitik wurden zur Waffe in nationalen wie internationalen Verteilungskonflikten. Die Krise wäre kaum zu verhindern gewesen; aber Prestigedenken, nationaler Egoismus und politische Nebenziele verschärften ihre Tiefe und Dauer.

Die Ursachen der Stagnation waren vielfältig. Die USA, vor 1914 zur größten Volkswirtschaft aufgestiegen, zogen sich in eine ökonomische Selbstgenügsamkeit zurück, blieben aber weltwirtschaftlich so dominierend, dass ihre Krise die Weltkrise auslöste. In Europa führten der Wirtschaftskrieg zwischen Siegern und Besiegten sowie der Wirtschaftsnationalismus besonders (aber keineswegs nur) der Schwellenländer Osteuropas zur Zerrüttung der nationalen wie internationalen Finanz- und Währungssysteme sowie zur Einschränkung der Handelsbeziehungen. Durch den Krieg war der Anteil Europas am Welthandel stark geschrumpft und erreichte erst 1928 wieder das Vorkriegsniveau, er sank aber in der Krise stärker als der Welthandel insgesamt. Deutschland und England erreichten den Vorkriegsanteil am Welthandel von 13 bzw. 15% nicht wieder; der deutsche betrug 1927/29 nur noch 9%. Die wirtschafts- und finanzpolitische Lehre der Zeit trug dazu bei, zur Wiedergewinnung des Goldstandards Kaufkraft und Investitionspotenzial zu vernichten. Zudem hatten sich die politischen Rahmenbedingungen verändert: nicht nur durch den Machtzuwachs der Arbeiterbewegung, sondern auch durch den noch offenen Strukturentscheid zwischen Industriekapitalismus und Landwirtschaft. Das alles provozierte einen Zielkonflikt zwischen Investitionen und Konsum, zwischen der Subvention traditioneller Branchen und der Finanzierung moderner Sozialpolitik, zwischen Autarkiebestrebungen und liberaler Handelspolitik. Die Indikatoren eines allgemeinen Strukturwandels nationalen und globalen Wirtschaftens wurden weniger ökonomisch als politisch und kulturell gedeutet: die Industrialisierung als Verlust der Werte- und Sozialordnung des von Landwirtschaft und agrarischen Eliten geprägten 19. Jahrhunderts, die Abhängigkeit vom Weltmarkt als Verlust der nationalen Souveränität, der Aufstieg der USA und neuer Konkurrenten als Verlust der globalen Dominanz Europas.

Da Mitte der 1920er-Jahre konjunkturelle Schwankungen an der Tagesordnung waren, wurden die ersten Krisenzeichen in Deutschland unterschätzt. In manchen Branchen blieben Auftragslage und Auslastung bis 1929, gar bis 1930 relativ gut. In Erwartung eines neuen Aufschwunges waren vor 1929 Überkapazitäten geschaffen worden. Viele dieser Investitionen wurden mit ausländischem, vor allem amerikanischem Kapital finanziert, das in großem Maße abgezogen wurde, als in den USA am «Schwarzen Freitag» im Oktober 1929 eine Spekulationsblase platzte. Eine zweite Welle des Kapitalabzuges erfolgte, als der Wahlsieg der NSDAP in den Reichstagswahlen vom September 1930 das Misstrauen in die Stabilität der Republik schürte. Eine dritte Welle folgte nach dem Zusammenbruch der Österreichischen Kreditanstalt im Mai 1931, der auch in Deutschland eine Bankenkrise auslöste. Der Export erfuhr harte Einbußen, da die Folgewirkungen dieser Krise(n) zu immer weiteren Restriktionen im internationalen Devisen- und Warenverkehr führten. Die hoch organisierten und kartellisierten Branchen spielten ihre Marktmacht auf dem Binnenmarkt aus. Dagegen konnte die Verbrauchsgüterindustrie ihre Kosten nicht über den Preis an die Verbraucher weitergeben. Diese verfügten nicht über die entsprechende Kaufkraft, je mehr der Kostendruck zu Entlassungen, Kurzarbeit und Lohnsenkungen führte.

Die Spirale von der Krise in die Depression war nicht mehr aufzuhalten, zumal die Regierung nicht bzw. zu spät intervenierte. Zum einen lautete die herrschende Lehre nicht Ankurbelung der Nachfrage durch Schulden, wie in der Demobilmachung 1918–1920 praktiziert, sondern Konsolidierung des Staatshaushaltes durch Sparmaßnahmen – einerseits aufgrund der Erfahrungen der Hyperinflation, andererseits infolge der Verteilungskämpfe bei Steuern, Subventionen und Arbeitslosenversicherung. Zum Zweiten verfolgte Brüning weitergehende Absichten. Er unterschätzte Schwere, Ausmaß und Dauer der Krise keineswegs, sondern rechnete mit einer Dauer von vier bis fünf Jahren. «Eine Wiedererreichung des Lebensstandards von 1927/28 sei auch nach Streichung der Reparationen in den nächsten Jahren nicht möglich.» Um sein Ziel zu erreichen, war er bereit, der Bevölkerung enorme Opfer zuzumuten. Durch «Einschränkungen der Ausgaben auf allen Gebieten» und die «Senkung der Preise und Löhne» sollte eine weitgehende Autarkie vor allem der Ernährungswirtschaft erreicht werden, um «Deutschland als erstes Land so zu rüsten, daß es jeden Druck von außen her aushalten könne und dazu noch in der Lage sein würde, seinerseits jederzeit die Weltkrise zu benutzen, um durch sie einen Druck auf alle übrigen Mächte auszuüben». Die Krise werde zu einem «wahrscheinlich zwei bis drei Jahre dauernden großen Weltringen» führen: «Das erste Land, das bereit wäre, alle unpopulären Opfer nach innen auf sich zu nehmen, würde an die Spitze kommen.» Eine frühzeitige Erholung würde dieses Ziel zunichtemachen; daher müsse man «aufs Ganze gehen [...]. Die Regierung sei fest entschlossen, den dargelegten Weg bis zum Äußersten zu gehen.»

Ob als geschlossenes Konzept entwickelt oder der Not der

Stunde folgend – die Regierung Brüning näherte sich im Laufe des Jahres dieser Politik. Eine Steigerung der Exporte war bei einem schrumpfenden Weltmarkt nur möglich, wenn die Preise sanken. Das erzwang die Regierung am 16. Januar 1931 mit der Herabsetzung der Endverkaufspreise von Markenartikeln um 10%. Doch der Wettlauf mit dem sinkenden Preisniveau auf dem Weltmarkt war nicht zu gewinnen. Als die Industrie die Senkung ihrer Produktionskosten, d. h. der Lohn- und Lohnnebenkosten, verlangte, lehnte Brüning zunächst ab, weil das die Inlandsnachfrage mindern würde – das war ihm sehr wohl bewusst. Wenn man sich der Spirale aus einem stetigen Rückgang der Produktion und dem Ansteigen der Massenarbeitslosigkeit entziehen wollte, blieb nur der Weg einer antizyklischen Konjunkturpolitik. Die war nur durch eine ausländische Anleihe oder durch eine gelockerte Kreditpolitik zu finanzieren. Beides lehnte die Regierung ab: Würde man Auslandskredite aufnehmen, «so würde das die Lösung des Reparationsproblems unmöglich machen». Die Notverordnung vom 8. Dezember 1931 kürzte die Tariflöhne um 10–15%, die gebundenen Preise um 10%, ebenso Kreditzinsen und Mieten oder die Leistungen bei Arbeitslosenversicherung und Renten. Um den Staatshaushalt auszugleichen, wurden die Ausgaben drastisch gekürzt, während die Einnahmen durch Steuererhöhungen und neue Steuern gesteigert werden sollten. Doch das Steueraufkommen sank, da die Arbeitslosenzahl stieg und die Nachfrage zurückging. Da die Landwirtschaft nicht nur entschuldet, sondern auch durch Zölle vor Konkurrenz geschützt werden sollte, verteuerten sich die Lebensmittel. Das senkte den Verbrauch weiter. Für die «Osthilfe» wurde 1931/32 mehr Geld ausgegeben als für die «wertschaffende Arbeitslosenfürsorge» in Wohnungs- und Siedlungswesen. Während das Reich alle Baumaßnahmen einstellte, überließ es die Notstandsarbeiten zur Beschäftigung von Arbeitslosen den Kommunen, die – vom Reich im Stich gelassen – nicht über die erforderlichen Mittel verfügten.

Eine aktive Konjunkturpolitik kam für Brüning erst *nach* dem Ende der Reparationen infrage. In der Bankenkrise 1931 bemühte sich die Regierung nicht um eine internationale Kreditaktion, denn eine solche hätte ihre außenpolitische Bewegungsfreiheit eingeengt. Im Gegenteil: Die Not und die Erbitterung im Inneren wurden zusätzlich angeheizt, der Abzug ausländischen Kapitals durch eine offizielle Erklärung beschleunigt, dass das Reich praktisch am Ende seiner Kräfte sei. Proteste gegen die scharfen Lohnkürzungen sollten den Reparationsgläubigern signalisieren, dies sei «das letzte Opfer des deutschen Volkes für die Erfüllung der Reparationsleistungen». Die Regierung drohte offen mit der Einstellung der Reparationen, indirekt mit der inneren Radikalisierung zugunsten der NSDAP. Die Rechnung ging auf, als der amerikanische Präsident Hoover am 20. Juni 1931 ein einjähriges Moratorium für die deutschen Reparationszahlungen verkündete, um damit die «liberal eingestellten» Kreise in Deutschland, Österreich und Osteuropa zu stützen.

Brünings unerbittliches Festhalten an der rigorosen Deflationspolitik, deren Motive er öffentlich nicht darlegen konnte, ließ ihn immer mehr an Rückhalt verlieren. Für das breite Publikum signalisierte die Verschärfung der Deflationspolitik eine Rat- und Hilflosigkeit der Regierung. Deren erste Beratungen über Wege aus der Krise im Juli/August 1931 blieben ergebnislos. Noch waren die Keynes'schen Entwürfe für eine aktive Konjunkturpolitik nicht bekannt. Aber ähnliche Vorstellungen tauchen ansatzweise seit Januar 1932 auf in einem Gutachten des Reichswirtschaftsrates, in der deutschen Industrie, bei den Gewerkschaften (WTB-Plan) und renommierten Fachleuten, ebenso bei der NSDAP in Strassers «Sofortprogramm»: von Staatsaufträgen und Investitionen der öffentlichen Hand über die Ausweitung des Kreditrahmens für die Wirtschaft bis hin zur künstlichen Geldschöpfung über eine neu zu schaffende (Schein-)Gesellschaft, wie es nach 1933 Schacht mit seinen «Mefo-Wechseln» praktizierte. Doch ein Vorstoß von Reichsarbeitsminister Adam Stegerwald für ein Programm mit einem Volumen von 1,5 Mrd. Reichsmark scheiterte am Widerstand der Reichsbank und dem Zögern des Kanzlers, der erneut den Vorrang der Reparationen betonte. Erst im Mai 1932 wurden Maßnahmen in Höhe von 135 Mio. Reichsmark vom Kabinett gebilligt. Als im Sommer 1932 durch das Reparations-Moratorium außenpolitische Rücksichten entfielen, wurden die Mittel um weitere 300 Mio. Reichsmark aufgestockt. Steuergutscheine für die Industrie im Umfang von 1,7 Mrd. Reichsmark und Subventionen in Form von Lohnprämien von 700 Mio. Reichsmark kamen hinzu. Gestützt von einer Senkung des Diskontsatzes von 8 auf 4%, begannen sich das Geschäftsklima, die Investitionsbereitschaft und die Aktienkurse noch 1932 zu erholen. Am 28. Januar 1933 folgte ein Programm der Regierung Schleicher mit weiteren 500 Mio. Reichsmark.

Diese Versuche zur aktiven Krisenbekämpfung waren in ihrer Dimension nicht ausreichend, auch weil immer wieder, bis in die SPD hinein, das Schreckgespenst einer erneuten Inflation beschworen wurde. Doch zeigten sie, dass die Regierungen keineswegs hilflos waren. Schon bei Antritt der Regierung Hitler waren die ersten positiven Auswirkungen erkennbar: Die Krise hatte ihre Talsohle durchschritten. Es bleibt die Frage offen, ob die Politik Brünings den Verlauf und die Schwere der Krise entscheidend beeinflusst hat. Die massenpsychologische Wirkung, die die NS-Regierung durch ihre Demonstration von Entschlossenheit erzielte, spricht eine andere Sprache. In jedem Fall stärkte Brünings radikale Deflationspolitik die Kräfte, die aus der Krise ihren politischen Profit zogen: KPD und NSDAP.

Beide waren die Parteien der Arbeitslosen, Hoffnungslosen und Verzweifelten. Das Zusammenfallen von struktureller und konjunktureller Arbeitslosigkeit betraf vor allem die industriellen Sektoren der entwickelten Industriestaaten. In Deutschland kamen 1932 von 5,6 Mio. Erwerbslosen 5,1 Mio. aus dem produzierenden Gewerbe. 1918/19 war die Arbeitslosigkeit relativ rasch überwunden worden, die in Deutschland auch damals ca. 6 Mio. Menschen betroffen hatte. Konstant zweistellig blieben die Werte außer in Deutschland für einige Jahre in Skandinavien und England. 1931/32 überschritten Deutschland, Dänemark, Norwegen und Polen die 33-%-Marke; die Niederlande, Belgien, Schweden, England und Österreich erreichten 20–25%. Der Höhepunkt der Arbeitslosigkeit in Deutschland wurde im Februar 1932 mit 6,13 Mio. Erwerbslosen erreicht. Im Januar und Februar 1933 lag die Zahl unwesentlich darunter. Überall traf die Arbeitslosigkeit Arbeiter mehr als Angestellte, Ungelernte mehr als Facharbeiter, Frauen mehr als Männer, verheiratete Frauen mehr als unverheiratete, Jugendliche und Ältere mehr als «Familienernährer». Hinzu kamen die geschätzten 1,8 Mio. «unsichtbaren» Arbeitslosen: «nicht bedürftige» Ehefrauen, versicherungsrechtlich Ausgesteuerte, nicht in den Arbeitsmarkt eingetretene Jugendliche, Arbeitnehmer, die über 60 Jahre alt waren, oder sonstige nicht Anspruchsberechtigte. Einschließlich der Familienangehörigen waren im Herbst 1932 23,3 Mio. Menschen, also 36% der Bevölkerung, auf öffentliche Unterstützungsleistungen angewiesen.

Diese Leistungen waren schmal genug. Die Erwerbslosen, die Anspruch auf staatliche Leistungen hatten, erhielten bestenfalls eine Unterstützung für 26 Wochen; die Sätze erreichten ein Drittel bis drei Viertel des früheren Erwerbseinkommens. Danach bestand ein Anspruch auf maximal 13 Wochen «Krisenunterstützung»; waren die verbraucht, wurden die Betroffenen als «Wohlfahrtserwerbslose» der allgemeinen Fürsorge zugewiesen. 1931 und 1932 wurden die Unterstützungsleistungen wiederholt abgesenkt und zeitlich begrenzt. Durch diese Anspruchsbegrenzung ging die Zahl der unterstützten Arbeitslosen nach dem Höhepunkt von 2,59 Mio. im Februar 1931 bis zum Januar 1933 auf 0,95 Mio. zurück. In der Zeit der größten Not erzielte die Arbeitslosenversicherung Überschüsse; der von 1931/32 hätte für zusätzliche 0,75 Mio. Bedürftige gereicht. Von den 6 Mio. Arbeitslosen im Januar 1933 wurden nur 15,8% von der Reichsanstalt unterstützt, 23,6% empfingen Krisenunterstützung, 40,9% waren Wohlfahrtserwerbslose, 19,7% bezogen gar keine Leistungen.

Die Unterstützungssätze deckten bereits seit 1931 vielfach nicht mehr das Existenzminimum ab. Die Leistungen der Krisenfürsorge waren zuletzt so bemessen, dass sie neben der Miete nur noch für den Kauf der Grundnahrungsmittel reichten. Im Winter 1932/33 hatten geschätzte 15 Mio. Menschen nicht genug zu essen und waren auf öffentliche Armenspeisung angewiesen. Etwa eine halbe Million Menschen verloren ihre Wohnung und lebten in Obdachlosensiedlungen und Laubenkolonien oder auf Wanderschaft. Dementsprechend erfuhren die Geschäfte für Lebensmittel einen Umsatzrückgang von einem Drittel, die für Schuhe, Textilien oder Möbel bis zur Hälfte. Die Landwirtschaft litt unter Umsatzeinbrüchen bei höherwertigen Lebensmitteln, vor allem bei Fleisch. In Schleswig-Holstein brach die Viehwirtschaft zusammen, die die umliegenden Großstädte versorgt hatte, in denen früh Massenarbeitslosigkeit herrschte. Zwangsversteigerungen von Höfen sorgten für Erbitterung – und eine massenhafte Hinwendung der Landbevölkerung zur NSDAP. Es war ein bezeichnendes Indiz für die Stimmungslage, dass die Selbstmordrate in keinem anderen Land so hoch lag wie in Deutschland. Die Parole «Arbeit und Brot» musste in dieser Situation griffiger wirken als die Zumutung neuer Opfer «hundert Meter vor dem Ziel», wie sie Brüning propagierte.

3. Rückkehr zur Machtpolitik

Unter dem Druck der Weltwirtschaftskrise und der Rückkehr zum ökonomischen Nationalismus zerbrach in Deutschland die prekäre Mehrheit derer, die die industriekapitalistischen Zwänge der Integration in den Weltmarkt, die Abhängigkeit von Warenexporten und Kapitalimporten akzeptierten und darin nicht die Preisgabe der nationalen Souveränität sahen, sondern die Voraussetzung für das Wachstum einer entwickelten Volkswirtschaft. Diese Mehrheit reichte von der SPD bis zur DVP, vom RDI bis zu den Gewerkschaften. Doch auch in diesen Kreisen sorgte das Übergreifen des Börsenkrachs in den USA 1929 oder der Bankenkrise in Österreich 1931 für Verunsicherung. Die Kontrolle von Absatzmärkten war nicht nur ein Anliegen einer mit Überkapazitäten kämpfenden Industrie, sondern auch der Gewerkschaften zum Erhalt von Arbeitsplätzen. Der «Schutz der nationalen Arbeit» war seit Langem die Forderung der Landwirtschaft und des produzierenden Mittelstandes.

Mit der Regierung Brüning vollzog sich ein markanter Wandel in der Außenpolitik. Der gemäßigte Revisionismus hatte auf internationalen Interessenausgleich gesetzt, um, so Stresemann, «politische Fragen auf wirtschaftlichem Wege» zu lösen. Er und sein französischer Partner, Aristide Briand, waren bereit gewesen, durch Vorleistungen die Grundlagen für ein Klima der Verständigung zu schaffen. Die Präsidialkabinette – gedrängt von Hindenburg und den Konservativen, getrieben von der nationalistischen Kampfpropaganda der «Harzburger Front» – betrieben die Fundamentalrevision der Nachkriegsordnung im Namen der «Gleichberechtigung», u. a. durch Wiederaufrüstung oder Rückgabe des Kolonialbesitzes als Insignien einer Großmacht. Sie wollten die Revision nicht militärisch erzwingen; doch mehrten sich die Stimmen, die auch zu radikalerem Vorgehen bereit waren. Dass die drei Architekten der Locarno-Politik in kurzem Abstand aus dem Amt schieden (Austen Chamberlain verlor im Todesjahr Stresemanns sein Amt, Briand starb 1932), ist mehr eine zufällige Koinzidenz denn die eigentliche Ursache ihres Scheiterns. Hinter der Rückkehr zu den alten Vorstellungen einer deutschen Hegemonie in Mitteleuropa stand nicht nur die Rücksichtnahme auf die Landwirtschaft, sondern auch ein anderes Denken über den Staat, die Souveränität, das Staatensystem und die Außenpolitik. Durch die Befreiung von den «Fesseln» des Versailler Vertrages, von dem (zweiten) «Diktat» des Young-Planes, wie Brüning diesen am 12. März 1930 bezeichnete, sollte Deutschland wieder eine starke Machtposition in Europa gewinnen. Für die Forderung nach «wirklicher Gleichberechtigung» konnten die Regierungen auf breite Unterstützung auch in der Bevölkerung rechnen.

Dass das System von Locarno prekär konstruiert war, wusste auch Briand. Wenige Tage vor Stresemanns Tod und sechs Wochen vor dem Börsenkrach in New York versuchte er im September 1929, mit seinem Plan einer Wirtschafts- und Zollunion der «Vereinigten Staaten von Europa» und im Mai 1930 mit dem «Memorandum über die Organisation eines ‹Systems eines europäischen Staatenbundes›» den eingeleiteten Pfad zu einer verbindlicheren Vereinbarung voranzutreiben. «Europa» war von Briand als regionale Unterorganisation des Völkerbunds gedacht; erst in zweiter Linie strebte er eine Zollunion an. Zum anderen stand für ihn der Aspekt der Sicherheit seines Landes vor Deutschland weiter im Vordergrund. Auch wenn die internationale Kontrolle des Reiches das eigentliche Ziel war bzw. die Zementierung der latenten Hegemonie Frankreichs auf dem Kontinent, so war eine Zollunion doch ein Geschäft auf Gegenseitigkeit, das Vertrauensbildung durch Vorleistungen einschloss. Weil damit ein Stück nationaler Souveränität hätte geopfert werden müssen, scheiterte der Vorstoß; alle 26 angesprochenen Staaten reagierten mehr oder weniger ausweichend. Die Ambivalenz des Briand-Plans von Kooperation und Kontrolle, anders als nach 1945 in seinem kontinentalen Hegemonialanspruch nicht durch England bzw. die USA gedämpft, stieß besonders in Deutschland auf Vorbehalte. Die zur Fortsetzung der Verständigung bereiten Kräfte versuchten, Briand stärker in die Richtung einer Zollunion zu drängen, um auch die Industrie zu interessieren und die politische Rechte zu spalten. Doch hätte eine solche Akzentverschiebung den Plan nicht gerettet. Die Regierung Brüning ordnete die handelspolitische Kooperation, die zu einer deutsch-französischen Wirtschaftskommission und zu einem neuen Handelsabkommen führte, den Revisionsbestrebungen unter. «Den Absichten Briands, die jetzigen europäischen Zustände zu stabilisieren», stellte Brüning die Forderung entgegen, dass Deutschland «seinen ausreichenden natürlichen Lebensraum» haben müsse.

Mit dem Scheitern des Briand-Planes war die kurze Blüte der kooperativen Verständigung vorbei und die Rückkehr zur Bilateralisierung eingeleitet. Die Weltwirtschaftskrise kam den revisionistischen Kräften (nicht nur in Deutschland) sehr gelegen. Erfolgreich nutzten sie die Differenzen zwischen Frankreich und den angelsächsischen Mächten, um ihre Forderungen schrittweise zu realisieren. Das Signal für den neuen Revisionismus war der Vorstoß der Regierung Brüning, dessen Anfänge allerdings in die Zeit der Großen Koalition zurückreichten, der europäischen Zollunion Briands eine deutsch-österreichische Zollunion entgegenzustellen. Die war als erster Schritt für den «Anschluss» gedacht, den Stresemann noch als Wunschdenken abgetan hatte. Mit diesem am 21. März 1931 lancierten Projekt war der Kampf um Südosteuropa entbrannt. Gegen die französische Kleine Entente wurde jetzt die Perspektive eines deutsch dominierten Mitteleuropa gestellt. Die Tschechoslowakei, der wichtigste Verbündete Frankreichs in der Kleinen Entente, würde durch die Zollunion umklammert, Ungarn sich der Zusammenarbeit nicht entziehen können, danach auch Rumänien und Jugoslawien. Das eröffnete Perspektiven für eine energischere Revisionspolitik gegenüber Polen und für eine Durchdringung der baltischen Staaten. Aus der so gewonnenen Position neuer Stärke, die durch eine Intensivierung der Handelsbeziehungen zur Sowjetunion unterstützt wurde, sollte Frankreich zu Verhandlungen gezwungen werden.

Österreich und Deutschland wurden jedoch durch französisches Veto zum Rückzug gezwungen; der Haager Gerichtshof erklärte die Zollunion für völkerrechtswidrig. Das schien ein weiteres Mal zu bestätigen, dass das Völkerrecht der Friedensverträge Siegerrecht war. Umgekehrt wertete Frankreich den Vorstoß als Signal zur Aufkündigung von Versailles und Locarno. Als französische Kredite aus der Österreichischen Creditanstalt abgezogen wurden, löste deren Zusammenbruch am 11. Mai 1931 den «Bankenkrach» aus, der zunächst das deutsche und dann das europäische Banken- und Währungssystem in Mitleidenschaft zog. Überall war es ein kompliziertes Zusammenspiel von Wirtschafts- und Finanzkrise, Investitions- und Nachfragerückgang, von Schwächen des nationalen wie des internationalen Finanzmarktes, von außen-, außenwirtschaftlichen und reparationspolitischen Interessen und steuerpolitischen Nöten, von verfehlter Geldpolitik und zweifelhafter Geschäftspolitik, von Spekulationen und Panik der Anleger und Sparer, das zu dieser ökonomischen Katastrophe führte, mit der die Weltwirtschaftskrise noch einmal verschärft wurde.

Jedoch: Für Deutschland sollte sich der Bankenkrach in einen außenpolitischen Erfolg ummünzen. Um die Krise zu begrenzen, schlug US-Präsident Hoover am 6. Juni 1931 sein Reparationsmoratorium für ein Jahr vor und gewährte damit Deutschland einen ersten Revisionserfolg. Frankreich stimmte dem Moratorium nur zögernd zu, obwohl es dadurch seiner Verpflichtungen gegenüber den USA ledig wurde. Angesichts handels- und währungspolitischer Differenzen mit England und den USA musste es seine völlige Isolation befürchten. Die Hoffnung, mithilfe der eigenen Goldreserven Deutschland (das weiterhin der wichtigste Handelspartner war) durch einen mit politischen Bedingungen («Revisionsmoratorium») verknüpften Stabilisierungskredit wenigstens ökonomisch zu binden, scheiterten: im eigenen Land wie in Deutschland. Es kam noch schlimmer: Auf der Lausanner Reparationskonferenz wurde am 9. Juli 1932 faktisch das Ende der Reparationen beschlossen. Deutschland sollte eine einmalige (nie geleistete) Abfindung von 3 Mrd. Reichsmark zahlen und die Dawes- und Young-Anleihen tilgen. Papen, der die britische Forderung nach Verzicht auf eine aktive Revisionspolitik nicht erfüllen konnte, musste auf weiterreichende Forderungen verzichten, wie z. B. die Streichung des Kriegsschuldartikels. Obwohl das Abkommen von Lausanne nicht ratifiziert wurde, da es an eine endgültige Regelung der interalliierten Schulden gebunden war, wurde es ausgeführt. Nach eigenen Angaben hatte das Reich bis 1932 eine Gesamtreparationssumme (inkl. aller Sachleistungen) von 53,155 Mrd. Reichsmark bezahlt – also knapp ein Fünftel des Betrages, den die Alliierten 1921 gefordert hatten.

Angesichts der sich gegen seine Interessen verändernden Rahmenbedingungen kehrte Frankreich zu seiner traditionellen Bündnispolitik zurück. Der Tardieu-Plan 1932, die Länder des Donauraumes unter finanzieller und politischer Führung Frankreichs wirtschaftlich zusammenzufassen und damit deutscher Einflussnahme zu entziehen, scheiterte nicht nur am entschiedenen Widerstand der Reichsregierung. Dem Reich kam entgegen, dass die südeuropäischen Länder Absatzmärkte für ihre Agrarprodukte suchten. Da die deutsche Landwirtschaft den heimischen Markt nicht ausreichend bedienen konnte, trat das Reich dort jetzt als Abnehmer auf, wo es bereits der bedeutendste Warenlieferant geworden war. Mit Präferenzzollabkommen wurden diese Länder noch stärker an Deutschland gebunden, das zugleich – gegen den Widerstand der Industrie – vom Prinzip der Meistbegünstigung abzuweichen begann. Zwar kam es unter dem Eindruck der Ernennung Hitlers zum Reichskanzler am

16. Februar 1933 zur Erneuerung der französisch beeinflussten Kleinen Entente, doch schied Polen 1934 durch sein Arrangement mit dem Reich aus dieser endgültig aus. Als Italien wieder Einfluss auf dem Balkan zu nehmen versuchte und 1934 in den Römischen Protokollen mit Österreich und Ungarn eine Kooperation einging und als sich Jugoslawien, Rumänien, Griechenland und die Türkei zum Balkan-Pakt zusammenschlossen, war der Rückfall der mühsam etablierten Ordnung in eine ungeregelte Mächtekonkurrenz offenkundig: zu Lasten Frankreichs und zugunsten Deutschlands.

Nachdem mit dem Reparationsmoratorium ein erster Schritt zur «Gleichberechtigung» getan war, legte die deutsche Regierung gleich nach, um der nationalen Emotion Rechnung zu tragen. Am 29. August 1932 forderte sie das Ende auch der «militärischen Diskriminierung». Nach langen Vorverhandlungen war am 2. Februar 1932 eine Abrüstungskonferenz eröffnet worden. Auch in dieser Frage war es nicht zuletzt das misstrauische Frankreich gewesen, das in den Hochzeiten der Verständigungspolitik internationale Vereinbarungen verhindert hatte. Der Wille, sich für den «Notfall» das militärische Instrumentarium nicht selbst aus der Hand zu schlagen, wie es das Schlagwort «Sicherheit vor Abrüstung» 1923 zum Ausdruck gebracht hatte, ließ (nicht nur auf französischer Seite) das anhaltende Denken in Machtstaatskategorien erkennen. Paradoxerweise war es letztlich die Abrüstungskonferenz, die die Aufrüstung der Kriegsverlierer ermöglichte und ein neues Wettrüsten einleitete.

Während Frankreich versuchte, über den Völkerbund die Kontrolle der deutschen Rüstung bzw. eine Sicherheitsgarantie als Voraussetzung der eigenen Abrüstung zu erreichen, zielte die deutsche Regierung kompromisslos auf «Gleichberechtigung»: nicht durch allgemeine Abrüstung, sondern durch Aufrüstung der 1919 entwaffneten Staaten. Mit Unterstützung der USA, Großbritanniens, aber auch Italiens forderte sie die Verdoppelung der Reichswehr auf 200 000 Mann, die Verkürzung der Dienstzeit auf sechs Jahre, Aufstellung einer Milizarmee, Freigabe verbotener Waffen und eine allgemeine Abrüstungskonvention, die die deutsche Gleichberechtigung festschrieb. Da die Verhandlungen sich hinzogen, verließ das Reich am 23. Juli 1932 die Konferenz. Als Papen drohte, Deutschland werde nur weiterverhandeln, wenn sein Anspruch auf Gleichberechtigung ausdrücklich anerkannt werde, wurde Frankreich von den USA, England und Italien gezwungen, eine entsprechende Deklaration am 11. Dezember 1932 mit zu unterschreiben. Das vage angekündigte «System, das allen Nationen Sicherheit bietet», war kaum mehr als eine Absichtserklärung. Sollten keine Taten folgen, war Deutschland der Vorwand gegeben, den auch England für seine Aufrüstungspläne suchte, die Verhandlungen scheitern zu lassen.

An dem nationalstaatlichen Hegemoniestreben Frankreichs und Deutschlands, denen sich England als Moderator verweigerte, scheiterte die Verständigungs- und Friedensidee. Der von Italien im November 1932 angeregte und im Juli 1933 als Reaktion auf die «Machtergreifung» Hitlers besiegelte Viererbund war ein letzter Versuch, einen multilateralen Ersatz für das System von Locarno zu etablieren. Er sollte die zwischen den Großmächten vereinbarte Revision der Pariser Ordnung umsetzen, nachdem die kollektive Revision durch den Völkerbund gescheitert war. Die britische Appeasement-Politik entsprang nur noch der Hoffnung, die Verständigung zwischen den Großmächten auf bilateraler Ebene realisieren zu können. Doch bedeutete gerade diese Bilateralisierung die endgültige Zerstörung des Systems kollektiver Sicherheit. Eine solche Politik war kaum geeignet, einem unbedingten Willen zum Krieg entscheidend entgegenzutreten.

IV. 1933/34: «Machtergreifung» und «Führerstaat»

Die Regierung Hitler war am 30. Januar 1933 wie ein «normales» Präsidialkabinett dieser Jahre ins Amt gelangt. Aber allen Beteiligten war bewusst, dass Hitler den Übergang von einer autoritären Regierung zur Diktatur anstrebte. Der erste Abschnitt der «Machtergreifung», die Zerschlagung aller konkurrierenden Machtfaktoren, bewegte sich formell noch im (allerdings bereits weit gefassten) Rahmen der Verfassung, wenngleich mit dem Ziel der Aufhebung dieser Verfassung. Indem die Verfassungskonformität formell gewahrt blieb, konnten größere Teile der alten Eliten integriert werden, ohne dass – mit Ausnahme der Linken – potenzielle Alternativen unmittelbar unterdrückt wurden. Allerdings dauerte der Übergang von der scheinkonstitutionellen zur autoritären Diktatur nur wenige Wochen und Monate. Der zweite Abschnitt war bereits von der Errichtung neuer politischer Institutionen und der radikalen Ausschaltung oppositioneller Faktoren geprägt. Die Durchsetzung des «Führerstaates», die Beseitigung der letzten Verfassungsinstitutionen und der Formen quasilegaler Herrschaftsausübung, fand ihren Abschluss mit der Ermordung der SA-Führung, dem «Röhm-Putsch» vom 30. Juni 1934, und dem Tod Hindenburgs am 2. August 1934.

Weil die Nationalsozialisten sich die «Machtergreifung» nicht so leicht vorstellten, waren sie darauf bedacht, sich eine populistische Legitimation zu verschaffen: Neuwahlen sollten zum Plebiszit für Hitler werden. Es war kein normaler Wahlkampf mehr. Die Beamten wurden zur Parteinahme für die Regierung genötigt, die Polizei für die SA, die am 22. Februar zur «Hilfspolizei» wurde. Mit Zeitungsverboten wurden KPD und SPD eingeschüchtert oder mundtot gemacht; einige prominente Führer des Zentrums konnten es nicht mehr wagen, im Wahlkampf öffentlich aufzutreten. Angesichts einer Welle nationaler Aufbruchstimmung im bürgerlich-nationalen Lager sowie der Unterdrückung der Linken wurde ein überwältigender Wahlsieg Hitlers erwartet; die sehr hohe Beteiligung von 89% verlieh der Wahl vom 5. März 1933 plebiszitären Charakter. Doch die NSDAP erhielt «nur» 17,2 Mio. Stimmen (43,9%); es reichte nicht einmal zur absoluten Mehrheit der Sitze. Hitler blieb auf Hugenberg und die DNVP (die jetzt «Kampffront Schwarz-Weiß-Rot» hieß) angewiesen. Die SPD konnte ihre absolute Stimmenzahl halten, sank aber infolge der hohen Wahlbeteiligung auf 18,2% ab. Die KPD verlor 1,1 Mio. Stimmen, wobei viele aus Angst diese Partei nicht mehr wählten.

Wenn die Wahl auch nicht so ausgegangen war, wie es die Nationalsozialisten erhofft hatten, die absolute Mehrheit zusammen mit der Kampffront Schwarz-Weiß-Rot verlieh allen weiteren Maßnahmen «demokratische» Weihen. Stimmungsberichte zeigen, dass das Vorgehen gegen die Kommunisten in bürgerlichen und bäuerlichen Kreisen, im liberalen und konservativen Lager auf Zustimmung stieß. Das galt auch für die Konzentrationslager, deren erstes am 20. März in Dachau eingerichtet wurde. Mit dem Tag von Potsdam am 21. März inszenierte Goebbels die nationale Aufbruchstimmung als die Versöhnung von Nationalsozialismus und «Preußen», von altem und neuem Deutschland. Jetzt liefen den bürgerlichen Parteien die Mitglieder davon und suchten Aufnahme in der NSDAP. Diese Massenflucht signalisierte die Erwartung, dass der Regierung Hitler eine längere Dauer beschieden sein würde als ihren Vorgängern. Angesichts dieses quasi-plebiszitären Votums wichen die Parteiführungen Schritt für Schritt vor dem wachsenden Druck der Regierung bzw. der NSDAP zurück. Sie gingen einzeln unter, jede für sich, verweigerten, wie die bürgerlichen Parteien, selbst ein Signal des Protestes. Unter dem wachsenden Verfolgungsdruck der Regierung lösten sie sich selbst auf, anstatt ein Verbot in Kauf zu nehmen. Nachdem infolge von Massenverhaftungen die Bayerische Volkspartei (BVP) am 4. Juli ihre Selbstauflösung beschlossen hatte, folgte das Zentrum am 5. Juli. Die Deutsche Staatspartei (DStP) und die DVP, ohnehin bedeutungslos, hatten sich am 28. bzw. 27. Juni aufgelöst. Nachdem die SPD am 22. Juni verboten worden war, folgte am 14. Juli das Gesetz gegen die Neubildung von Parteien, das die NSDAP zur Staatspartei machte. Die alte DNVP schloss sich als Hospitant der NSDAP an, nachdem Hugenberg am 26. Juni als Wirtschaftsminister zurückgetreten war. Franz Seldte, der neue Reichsarbeitsminister, war schon am 26. April zur NSDAP übergetreten und führte am 1./2. Juli seinen «Stahlhelm» in die SA. Dieser (Selbst-)Auflösungsprozess der Parteien ist bezeichnend für die Hilflosigkeit gegenüber der dynamischen Entschlossenheit der NSDAP; er war zugleich ein Indiz für die Stimmungslage dieser Wochen und Monate. Überraschend leicht erwies sich für die Nationalsozialisten auch die Zerschlagung der Gewerkschaften am 2. Mai, deren Widerstand sie vielleicht noch am meisten gefürchtet hatten.

Fast noch müheloser gelang die scheinlegale Außerkraftsetzung der Verfassung. Der Reichstagsbrand am 27. Februar war ein «Gottesgeschenk» (Goebbels). Die Nationalsozialisten deuteten ihn als das Fanal des Aufstandes der «Marxisten», den sie einerseits gefürchtet, aber andererseits herbeigesehnt hatten, weil sie sich gegen diesen als Retter des Vaterlands gerieren konnten. Noch in der Nacht des Brandes ordnete Göring die Schließung aller SPD-Parteibüros an sowie ein unbefristetes Verbot der KPD-Zeitungen und ein zweiwöchiges Verbot der SPD-Blätter. Göring gestand später ein, diese Maßnahmen wären unter einem Vorwand früher oder später ohnehin erfolgt. Sie wurden angesichts der Gunst der Stunde vorgezogen. Das galt besonders für die Notverordnung «zum Schutz von Volk und Staat», die praktisch alle Grundrechte außer Kraft setzte und dem Reich «zur Wiederherstellung der öffentlichen Sicherheit und Ordnung» in den Ländern die Polizeibefugnisse übertrug. Die Verordnung war die «Verfassungsurkunde» des Dritten Reiches, indem sie unbegrenzte quasi-legale Möglichkeiten eröffnete. Das berüchtigte Ermächtigungsgesetz vom 23. März war kaum mehr als die nachträgliche, verfassungsformale Legitimation, die durch Einschüchterung (vor allem gegenüber der SPD), Manipulation der Geschäftsordnung (im Hinblick auf die

Mandate der KPD) und Bestechung (durch das Reichskonkordat gegenüber dem Zentrum) vom Reichstag mit der erforderlichen Zweidrittelmehrheit verabschiedet wurde. Die Regierung beschloss nun die Gesetze, die von der Verfassung abweichen durften. Der Reichskanzler konnte die Gesetze anstelle des Reichspräsidenten ausfertigen, der damit ein erhebliches Stück entmachtet wurde. Die Einschränkung, dass das Gesetz auf vier Jahre begrenzt und an die Existenz der gegenwärtigen Regierung gebunden wurde, war der reine Hohn. Denn die Regierung konnte dieses Gesetz selbst verlängern, was sie dreimal tat. Hitler hatte sein Ziel erreicht, die «legale» Machtergreifung. Die nationale Aufbruchstimmung sah darüber hinweg, dass schon beim Zustandekommen des Gesetzes mit den Grundsätzen von Recht und Gesetz gebrochen wurde. Aber das waren nicht mehr die Maßstäbe dieser Tage.

Die Gleichschaltung der Länder war verfassungs- wie machtpolitisch ein weiterer Schritt zur Konzentration der Macht. Preußen war seit dem Juli 1932 faktisch gleichgeschaltet, und in sieben kleineren Staaten war die NSDAP schon vor 1933 an der Regierung beteiligt gewesen. Neben den norddeutschen Stadtstaaten und Hessen waren die süddeutschen Staaten und Sachsen noch nicht erobert. Dort hatte die NSDAP bis dahin eine relativ schwache Stellung gehabt, aber in den März-Wahlen deutliche Zuwächse verzeichnet. Nachdem man Druck auf der Straße und in den Behörden «als Ausdruck des Volkszorns» organisiert hatte, erhielt Frick den Vorwand, auf der Grundlage der Reichstagsbrand-Notverordnung Reichskommissare in den Polizeibehörden einzusetzen. Die Länderregierungen sahen sich am 8./9. März zum Rücktritt gezwungen, als letzte die bayerische, deren Appell an den Reichspräsidenten ungehört verhallte. Nachdem die Entscheidungen auf «revolutionärem» Weg gefallen und durch Notverordnung scheinlegal legitimiert waren, folgten am 31. März und am 7. April die Nachregelungen durch zwei Gleichschaltungsgesetze: Mit dem ersten wurden die Mehrheitsverhältnisse des Reichstags auf die Länderparlamente übertragen; da die Stimmen der KPD nicht berücksichtigt werden durften, hatte die NSDAP überall die Mehrheit. Mit dem zweiten wurden Reichsstatthalter eingesetzt, die die Zentralisierung der Willensbildung gewährleisten sollten. Eine Ausnahme blieb Preußen, da Papen dort Reichskommissar war. Hier übernahm Hitler selbst die Reichsstatthalterschaft, um nach dem Vorbild Bismarcks die Einheit von Preußen und Reich wiederherzustellen – in Wirklichkeit, um Göring als kommissarischem Innenminister freie Bahn zu schaffen. Damit war der Hauptzweck erreicht: die Kontrolle über die Polizei (die anfangs nur über die Reichstagsbrand-Notverordnung hergestellt worden war), die Zerstörung potenzieller Machtbastionen der Nationalkonservativen (Preußen) und des politischen Katholizismus (Bayern), die Übertragung der regionalen Regierungsgewalt auf die NSDAP (Reichsstatthalter). Letzteres vollzog bereits die Einheit von Partei und Staat, die durch das Gesetz über den Neuaufbau des Reiches (30. Januar 1934) und die Aufhebung des Reichsrates (14. Februar 1934) formal vollendet wurde. Damit war die Überwindung des politischen Systems der Republik fast abgeschlossen – auch ohne die Verfassung formal außer Kraft zu setzen. Jedoch bestand mit der Institution des Reichspräsidenten ein Rest verfassungsrechtlicher Kontinuität; und die Reichswehr war der wichtigste noch nicht gleichgeschaltete Machtfaktor.

Die terroristischen Maßnahmen der Regierung gegen ihre eigenen Parteien und Verbände hatten im bürgerlichen Lager ebenso zu Ernüchterung geführt wie der Judenboykott vom 1. April, die Ausschaltung von Demokraten und Juden durch das «Gesetz zur Wiederherstellung des Berufsbeamtentums» vom 7. April, die Bücherverbrennung am 10. Mai, dann der beginnende Kirchenkampf gegen die protestantische Kirche oder die Gleichschaltung von Presse, Radio und Literatur durch die Reichskulturkammer unter Goebbels am 22. September. Auch die korporative Neustrukturierung der Wirtschaft sorgte für Irritationen. Nach der Gleichschaltung ihrer Verbände im April sahen sich die Unternehmer in die am 10. Mai gegründete Deutsche Arbeitsfront (DAF) eingegliedert; die Tarifautonomie wurde am 19. Mai zugunsten staatlicher Treuhänder der Arbeit aufgehoben. Handwerk und Handel wurden in «Reichsstände» eingegliedert, die Landwirtschaft im Reichsnährstand am 13. September gleichgeschaltet, den Bauern das Reichserbhofgesetz vom 29. September aufgezwungen, das ihr Erbrecht beeinträchtigte, ihre Marktfreiheit durch Preisregulierung seit dem 13. September eingeschränkt. Diese Ansätze zur korporativen Umgestaltung von Wirtschaft und Staat wurden jedoch nicht fortgesetzt. Das scheiterte am Widerstand Hitlers. In parteiinternen Machtkämpfen entstand ein ungeregeltes «polykratisches Chaos» zwischen staatlichen und Parteidienststellen. Dabei setzte sich auf der einen Seite Heinrich Himmler als Chef des gesamten Polizeiapparates im April 1934 endgültig durch; auf der anderen Seite unterlagen Robert Ley mit seinen Versuchen, die DAF zur mächtigen Staatsgewerkschaft auszubauen, sowie Ernst Röhm mit seinen Plänen zur Verankerung der SA als eigenständiger bewaffneter Machtsäule.

Als Reichsinnenminister Frick am 11. Juli 1933 mahnte, die Revolution sei abgeschlossen, richtete sich dies in erster Linie an SA und NSBO. Diese forderten nach der «nationalen» Revolution die «soziale» Revolution ein, die sogenannte zweite Revolution. Die einfachen Mitglieder der SA, die keineswegs Lumpenproletarier waren, sondern zu 70% über eine Berufsausbildung verfügten, mussten mit ansehen, dass die Arbeitsbeschaffung vielfach an ihnen vorbeiging. Das hatte Methode, um die SA als Terrorinstrument der Partei und des Staates zusammenzuhalten bzw. als Grundlage für eine Konkurrenzorganisation zur Reichswehr. Röhm griff die Unruhe in der SA auf und drohte, die anhaltende Krise werde seine Leute dem Bolschewismus in die Arme treiben. Die Regierung versuchte zunächst, das Problem durch symbolische Gesten zu übertünchen und zugleich eine schleichende Entmachtung einzuleiten. Am 28. Februar 1934 kam es zu einem Aussöhnungszeremoniell zwischen Reichswehr und SA. Doch löste das die Probleme mitnichten.

Günstiger stellte sich die Lage für die zweite proletarische Organisation dar, die NSBO. Deren Mitglieder hatten meist Arbeitsplätze. Achtstundentag, Gewerkschaftszwang, Tarifverträge, Streikrecht (!), Wahrung des Arbeits- und Betriebsräterechts und Ausbau der Sozialversicherung gehörten zu ihren Forderungen. Es kam zu «wilden» Streiks, «Selbsthilfe»-Aktionen gegen unsoziale und autoritäre Betriebsleiter (auch Parteigenossen) bis hin zu eigenmächtigen Verhaftungen. Durch das Gesetz zur Ordnung der nationalen Arbeit vom 20. Januar 1934 sollten solche «Revolutionserscheinungen» restlos abgebaut werden. Als die Vertrauensrätewahlen vom Frühjahr 1934 nicht das gewünschte Ergebnis brachten (fast 50% votierten trotz Manipulation gegen die offiziellen Listen), hatte die NSBO ihre Daseinsberechtigung verloren, durch betrieblichen Aktivismus die sozialistischen Arbeiter für das System zu gewinnen, zumal als 1934 sogar inzwischen der DAF unterstellte Gewerkschaftshäuser besetzt wurden.

Hitler bekundete seit dem Sommer 1933 seine grundsätzliche Ablehnung einer «zweiten Revolution»: Er sei entschlossen, eine solche, «wenn nötig, in Blut [zu] ertränken». Ebenso hatte er seit April 1933 vor Bestrebungen gewarnt, die SA in Konkurrenz zur Reichswehr zu bringen. Den entscheidenden Anstoß gab die Marburger Rede des Vizekanzlers von Papen. Monarchisten und Konservative hatten erkannt, dass ihre Blütenträume zerplatzt waren, Hitler «zähmen» zu können. Da sie auf wenig Resonanz stießen, auch bei der Reichswehr, machte Papen am 17. Juni 1934 die Kritik öffentlich: Er warnte einmal vor der Gefahr einer zweiten Revolution, die leicht zur dritten Revolution ausarten könne, zur «Herrschaft der Guillotine»; er beklagte zum anderen den Eigennutz und die Charakterlosigkeit, die an die Macht gespült worden seien. Es drohte dem Regime eine ernsthafte Krise. Als sich am 29. Juni der Reichswehrminister im «Völkischen Beobachter» auf die Seite der Regierung stellte, gab Hitler grünes Licht für eine umfassende Mordaktion. Im ganzen Reich wurden SA-Führer, aber auch Vertreter der hinter Papen stehenden «konservativen Revolution» verhaftet, insgesamt 89. Im Zuge der Aktion wurden am 30. Juni 1934 Röhm und hohe SA-Führer, aber auch Gregor Strasser und Schleicher, die Exponenten der «Gewerkschaftsachse» von 1932, liquidiert. Das Ganze wurde am 3. Juli als «Staatsnotwehr» per Gesetz nachträglich legitimiert.

Mit der Ermordung Röhms und anderer hoher SA-Führer

war der Reichswehr signalisiert worden, dass sie die Einrichtung einer konkurrierenden Partei-Armee nicht zu fürchten brauchte. (Das erfolgte erst mit dem Aufbau der Waffen-SS.) Mit der Ermordung Schleichers war ihr indirekt angedroht worden, dass sie keine eigenmächtigen Wege gehen durfte. Es war daher kein Problem, als Hindenburg im Sterben lag, dessen absehbares Ende ein weiterer Grund war, mit dem «Röhm-Putsch» für klare Verhältnisse zu sorgen, per Gesetz vom 1. August 1934 das Amt des Reichskanzlers und Reichspräsidenten zu vereinigen und noch am Todestag Hindenburgs, am 2. August, die Reichswehr auf den neuen Oberbefehlshaber Hitler zu vereidigen. Damit waren die letzten Reste des Weimarer Verfassungssystems beseitigt, die letzte potentielle Bedrohung für das Regime unter Kontrolle.

Beseitigt war aber nicht nur die Verfassungsordnung, sondern auch das «alternative Weimar»: die Emanzipationsbewegung der Jungen und der Frauen, die sich herausbildende Pluralität in Wissenschaft, Kunst und Kultur. Auch sie wurden gleichgeschaltet: die einen in den Staatsorganisationen von Hitlerjugend und Bund Deutscher Mädel oder durch ein verordnetes Frauenbild, die anderen durch Reichskulturkammer, Zensur und Arierparagraphen. Beginnend mit der Verdrängung republikanischer Beamter und der Bücherverbrennung im April und Mai 1933, verschwand das «Undeutsche», das Linke und Progressive, das «Jüdische» und «Entartete» aus dem kulturellen Angebot und Diskurs. Auf Betreiben des Blut-und-Boden-Ideologen Alfred Rosenberg wurde die längst verfemte «entartete Kunst» 1937 ins Ausland verkauft. Unter den ca. 30 000 Exilanten rechneten etwa 5000 zur kulturellen Elite, darunter 30 aktuelle wie spätere Nobelpreisträger, von Thomas Mann bis Albert Einstein. Vertrieben wurden auch z. B. die vielen jüdischen Gründungsväter der deutschen akademischen Sozialwissenschaften («Frankfurter Schule»). Das bedeutete den Verlust eines enormen kulturellen Kapitals, vor allem aber den Abbruch eines Entwicklungspfades, der den Anschluss an den westeuropäisch-atlantischen Weg in die «industriegesellschaftliche Moderne» bedeutet hätte. Auf dem Gebiet der Ökonomie galt das nur bedingt. Ungeachtet aller Blut-und-Boden-Ideologie trug die Rüstungspolitik des Dritten Reiches maßgeblich zum weiteren Ausbau des industriellen Sektors bei. Zwar erfuhr die Landwirtschaft im Rahmen der Autarkiepolitik neue Bedeutung, doch keine durchgreifende Modernisierung. Die Liquidierungen infolge des Attentats vom 20. Juli 1944 und die Kriegsniederlage beschleunigten den Niedergang des Adels als politische Elite, der schon während des Dritten Reiches eingesetzt hatte. Und im Namen der Volksgemeinschaft wurden die Klassengegensätze unterdrückt, die sozial-moralischen Milieus in ihrer Prägewirkung weiter geschwächt, insbesondere das proletarische, sodass sie nach 1945 nicht wieder entstanden. Die Konsensorientierung der westdeutschen Gesellschaft war zweifellos nicht nur den Erfahrungen der Weimarer Republik und den Verstrickungen des Dritten Reiches geschuldet, sondern ebenso der katastrophalen Nachkriegssituation wie der ideologischen Konfrontation des Kalten Krieges. Aber sie verhalf der Bundesrepublik zu einer Stabilität, die der Weimarer Republik nicht vergönnt war.

Abkürzungsverzeichnis

ADGB	Allgemeiner Deutscher Gewerkschaftsbund
BVP	Bayerische Volkspartei
DAF	Deutsche Arbeitsfront
DDP	Deutsche Demokratische Partei
DVP	Deutsche Volkspartei
DNVP	Deutschnationale Volkspartei
DStP	Deutsche Staatspartei
KPD	Kommunistische Partei Deutschlands
(M)SPD	(Mehrheits-)Sozialdemokratische Partei Deutschlands
NSBO	Nationalsozialistische Betriebszellen-Organisation
NSDAP	Nationalsozialistische Arbeiterpartei Deutschlands
OHL	Oberste Heeresleitung
RDI	Reichsverband der Deutschen Industrie
RGO	Revolutionäre Gewerkschaftsopposition (KPD)
RLB	Reichslandbund
SA	Sturm-Abteilung (NSDAP)
USPD	Unabhängige Sozialdemokratische Partei Deutschlands
WRV	Weimarer Reichsverfassung

Literaturhinweise

Abelshauser, W. (Hg.): Die Weimarer Republik als Wohlfahrtsstaat. Zum Verhältnis von Wirtschafts- und Sozialpolitik in der Industriegesellschaft, Stuttgart 1987.

Blaich, F.: Der Schwarze Freitag. Inflation und Wirtschaftskrise, München 1985.

Falter, J.: Wahlen und Abstimmungen in der Weimarer Republik. Materialien zum Wahlverhalten 1919–1933, München 1986.

Gessner, D.: Die Weimarer Republik, Darmstadt ^{2}2005.

Gusy, Chr.: Die Weimarer Reichsverfassung, Tübingen 1997.

James, H.: Deutschland in der Weltwirtschaftskrise 1924–1936, Stuttgart 1988.

James, H.: Geschichte Europas im 20. Jahrhundert. Fall und Aufstieg 1914–2001, München 2004.

Kolb, E.: Die Weimarer Republik, München ^{6}2002.

Krüger, P.: Die Außenpolitik der Republik von Weimar, Darmstadt ^{2}1993.

Mai, G.: Europa 1918–1939. Mentalitäten, Lebensweisen, Politik zwischen den Weltkriegen, Stuttgart u. a. 2001.

Mai, G.: Die Agrarische Transition. Agrarische Gesellschaften in Europa und die Herausforderungen der industriellen Moderne im 19. und 20. Jahrhundert, in: Geschichte und Gesellschaft, 33 (2007), S. 471–514.

Möller, H.: Die Weimarer Republik: eine unvollendete Demokratie, München ^{7}2004.

Mazower, M.: Der dunkle Kontinent. Europa im 20. Jahrhundert, Berlin 2000.

Neebe, R.: Großindustrie, Staat und NSDAP 1930–1933. Paul Silverberg und der Reichsverband der Deutschen Industrie in der Krise der Weimarer Republik, Göttingen 1981.

Peukert, D. J. K.: Die Weimarer Republik. Krisenjahre der Klassischen Moderne, Frankfurt a. M. 1987.

Schumann, D.: Politische Gewalt in der Weimarer Republik 1918–1933. Kampf um die Straße und Furcht vor dem Bürgerkrieg, Essen 2001.

Wehler, H.-U.: Deutsche Gesellschaftsgeschichte, Bd. 4: 1914–1949, München 2003.

Winkler, H. A.: Weimar 1918–1933. Die Geschichte der ersten deutschen Demokratie, Frankfurt a. M./Wien 1994.

Wirsching, A.: Die Weimarer Republik. Politik und Gesellschaft, München 2000.

	Nationalvers. 19. 1. 1919	1. Reichstag 6. 6. 1920[3]	2. Reichstag 4. 5. 1924	3. Reichstag 7. 12. 1924
Wahlberechtigte in Mio.	36,766	35,949	38,375	38,987
Abgegebene Stimmen in Mio.	30,524	28,463	29,709	30,704
Wahlbeteiligung in %	83,0	79,2	77,4	78,8
Gesamtzahl der Mandate[1]	421 (423)[2]	459	472	493
DNVP	3,121 10,3 % **44**	4,249 15,1 % **71**	5,696 19,5 % **95**	6,206 20,5 % **103**
NSDAP (1924: NS-Freiheitsbeweg.)	–	–	1,918 6,5 % **32**	0,907 3,0 % **14**
Wirtschaftspartei/ Bayer. Bauernbund	0,275 0,9 % **4**	0,218 0,8 % **4**	0,694 2,4 % **10**	1,005 3,3 % **17**
Deutsch-Hannoversche Partei	0,077 0,2 % **1**	0,319 1,1 % **5**	0,320 1,1 % **5**	0,263 0,9 % **4**
Landbund	–	–	0,574 2,0 % **10**	0,499 1,6 % **8**
Deutsches Landvolk	–	–	–	–
Deutsche Bauernpartei	–	–	–	–
Christlich-sozialer Volksdienst	–	–	–	–
DVP	1,345 4,4 % **19**	3,919 13,9 % **65**	2,694 9,2 % **45**	3,049 10,1 % **51**
Zentrum (1919: Christl. Volkspartei)	5,980 19,7 % **91**	3,845 13,6 % **64**	3,914 13,4 % **65**	4,119 13,6 % **69**
BVP	–	1,238 4,4 % **21**	0,946 3,2 % **16**	1,134 3,7 % **19**
DDP (ab 1930: Deutsche Staatspartei	5,641 18,5 % **75**	2,333 8,3 % **39**	1,655 5,7 % **28**	1,920 6,3 % **32**
SPD	11,509 37,9 % **163 (165)[2]**	6,104 21,7 % **102**	6,009 20,5 % **100**	7,881 26,0 % **131**
USPD	2,317 7,6 % **22**	5,046 17,9 % **84**	0,235 0,8 % –	0,099 0,3 % –
KPD	–	0,589 2,1 % **4**	3,693 12,6 % **62**	2,709 9,0 % **45**
Sonstige Parteien	0,131 0,5 % **2**	0,332 1,1 % –	0,930 3,1 % **4**[4]	0,598 2,0 % –

* Quelle: Statistisches Jahrbuch für das Deutsche Reich, 52. Jg. 1933 (Berlin 1933), 539.
Zur Einrichtung der Tabelle: Bei den einzelnen Parteien ist in erster Position die Zahl der auf die jeweilige Partei entfallenen Stimmen in Millionen angegeben, in zweiter Position der Prozentanteil, fettgedruckt die Zahl der Mandate (bei Beginn der Legislaturperiode).

[1] Die Gesamtzahl der Reichstagsmandate ist in den einzelnen Legislaturperioden unterschiedlich, da sie aufgrund des Wahlrechts (vgl. 461: Vogel/Nohlen/Schultze, Wahlen in Deutschland, 145 ff., 361 ff.) von der Zahl der abgegebenen Stimmen abhängig war.

[2] Die Gesamtzahl der Mandate betrug 423, da durch die Wahl des Ostheeres am 2. 2. 1919 zusätzlich zwei Abgeordnete bestellt wurden; sie traten der SPD-Fraktion bei, deren Stärke sich dadurch auf 165 Sitze erhöhte.

[3] Ergebnis der Wahlen zum Reichstag am 6. 6. 1920 mit den Ergebnissen der Wahlen am 20. 2. 1921 in den Wahlkreisen Nr. 1 (Ostpreußen) und Nr. 14 (Schleswig-Holstein) und am 19. 11. 1922 im Wahlkreis Nr. 10 (Oppeln).

[4] Deutschsoziale Partei.

4. Reichstag 20. 5. 1928	5. Reichstag 14. 9. 1930	6. Reichstag 31. 7. 1932	7. Reichstag 6. 11. 1932	8. Reichstag 5. 3. 1933
41,224	42,957	44,226	44,374	44,685
31,165	35,225	37,162	35,758	39,654
75,6	82,0	84,1	80,6	88,8
491	577	608	584	647
4,381 14,2 % **73**	2,458 7,0 % **41**	2,177 5,9 % **37**	2,959 8,3 % **52**	3,136 8,0 % **52**
0,810 2,6 % **12**	6,409 18,3 % **107**	13,745 37,3 % **230**	11,737 33,1 % **196**	17,277 43,9 % **288**
1,397 4,5 % **23**	1,362 3,9 % **23**	0,146 0,4 % **2**	0,110 0,3 % **1**	–
0,195 0,6 % **3**	0,144 0,4 % **3**	0,047 0,1 % –	0,064 0,2 % **1**	0,048 0,1 % –
0,199 0,6 % **3**	0,194 0,6 % **3**	0,097 0,3 % **2**	0,105 0,3 % **2**	0,084 0,2 % **1**
0,581 1,9 % **10**	1,108 3,2 % **19**	0,091 0,2 % **1**	0,046 0,1 % –	–
0,481 1,6 % **8**	0,339 1,0 % **6**	0,137 0,4 % **2**	0,149 0,4 % **3**	0,114 0,3 % **2**
–	0,870 2,5 % **14**	0,364 1,0 % **3**	0,403 1,2 % **5**	0,383 1,0 % **4**
2,679 8,7 % **45**	1,578 4,5 % **30**	0,436 1,2 % **7**	0,661 1,9 % **11**	0,432 1,1 % **2**
3,712 12,1 % **62**	4,127 11,8 % **68**	4,589 12,5% **75**	4,230 11,9 % **70**	4,425 11,2 % **74**
0,945 3,1 % **16**	1,005 3,0 % **19**	1,192 3,2 % **22**	1,095 3,1 % **20**	1,074 2,7 % **18**
1,505 4,9 % **25**	1,322 3,8 % **20**	0,371 1,0 % **4**	0,336 1,0 % **2**	0,334 0,9 % **5**[8]
9,153 29,8 % **153**	8,577 24,5 % **143**	7,959 21,6 % **133**	7,248 20,4 % **121**	7,181 18,3 % **120**
0,021 0,1 % –	–	–	–	–
3,264 10,6 % **54**	4,592 13,1 % **77**	5,283 14,3 % **89**	5,980 16,9 % **100**	4,848 12,3 % **81**
1,445 5,5 % **4**[5]	0,804 2,3 % **4**[6]	0,244 0,7 % **1**[7]	0,299 0,8 % –	0,005 – –

5 Sächsisches Landvolk 2, Volksrechtspartei 2.

6 Konservative Volkspartei.

7 Volksrechtspartei.

8 Gewählt auf dem Reichswahlvorschlag der SPD.

aus: Eberhard Kolb, Die Weimarer Republik, 6., überarb. u. erw. Aufl., München 2002, S. 308 f. (Oldenbourg Grundriss der Geschichte, Bd. 16).

Beginn	Koalition	Reichskanzler
10.11.1918	SPD-USPD (Rat der Volksbeauftragten)	Ohne Ressorts: Ebert (SPD), Scheidemann (SPD), Landsberg (SPD), Haase (USPD), Dittmann (USPD), Barth (USPD)
29.12.1918	SPD (Rat der Volksbeauftragten)	Ohne Ressorts: Ebert, Scheidemann, Landsberg, Wissell, Noske
13.02.1919	SPD-Zentrum-DDP (Weimarer Koalition)	Scheidemann (SPD)
21.06.1919	SPD-Zentrum ab Okt. 1919 auch DDP	Bauer (SPD)
27.03.1920	SPD-Zentrum-DDP	H. Müller (SPD)
21.06.1920	Zentrum-DDP-DVP	Fehrenbach (Zentrum)
10.05.1921	SPD-Zentrum-DDP	Wirth (Zentrum)
26.10.1921	SPD-Zentrum-DDP	Wirth (Zentrum)
22.11.1922	DVP-Zentrum-DDP	Cuno (parteilos)
13.08.1923	SPD-Zentrum-DDP-DVP (Große Koalition)	Stresemann (DVP)
06.10.1923	SPD (bis 03.11.1923)-Zentrum-DDP-DVP	Stresemann (DVP)
30.11.1923	Zentrum-BVP-DVP-DDP	Marx (Zentrum)
03.06.1924	Zentrum-DDP-DVP	Marx (Zentrum)
15.01.1925	Zentrum-DDP-DVP-DNVP	Luther (parteilos)
20.01.1926	Zentrum-BVP-DVP-DDP	Luther (parteilos)
17.05.1926	Zentrum-DVP-DDP	Marx (Zentrum)
29.01.1927	Zentrum-BVP-DVP-DNVP	Marx (Zentrum)
28.06.1928	SPD-Zentrum-BVP-DDP-DVP	H. Müller (SPD)
30.03.1930	Präsidialkabinett	Brüning (Zentrum)
09.10.1931	Präsidiales Fachkabinett	Brüning (Zentrum)
01.06.1932	Präsidialkabinett	von Papen (parteilos)
03.12.1932	Präsidialkabinett	von Schleicher (parteilos)
30.01.1933	NSDAP-DNVP	Hitler (NSDAP)

nach: Karlheinz Dederke, Reich und Republik. Deutschland 1917–1933, 3. Aufl. Stuttgart 1978, S. 281 f.

Personenregister

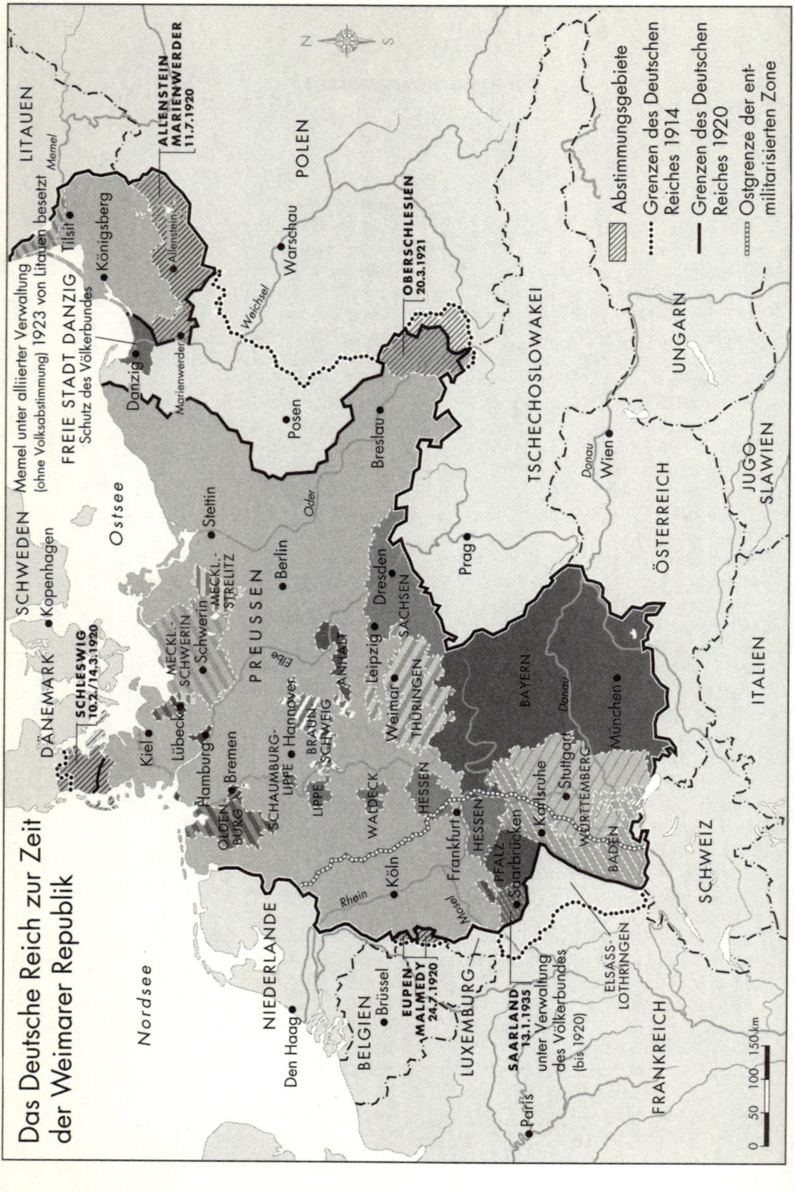
Das Deutsche Reich zur Zeit der Weimarer Republik
Nordsee
Ostsee
DÄNEMARK
SCHWEDEN
Kopenhagen
SCHLESWIG 10.2./14.3.1920
Memel unter alliierter Verwaltung (ohne Volksabstimmung) 1923 von Litauen besetzt
LITAUEN
Memel
FREIE STADT DANZIG Schutz des Völkerbundes
ALLENSTEIN MARIENWERDER 11.7.1920
Tilsit
Königsberg
Allenstein
Danzig
Marienwerder
POLEN
Warschau
Weichsel
Posen
OBERSCHLESIEN 20.3.1921
Breslau
Oder
Stettin
MECKL.-STRELITZ
MECKL.-SCHWERIN
Schwerin
Kiel
Lübeck
Hamburg
Bremen
OLDEN-BURG
PREUSSEN
Berlin
Elbe
SCHAUMBURG-LIPPE
Hannover
BRAUN-SCHWEIG
ANHALT
Leipzig
Dresden
SACHSEN
Weimar
THÜRINGEN
LIPPE
WALDECK
HESSEN
Frankfurt
Köln
Rhein
Mosel
PFALZ
Saarbrücken
Karlsruhe
Stuttgart
WÜRTTEMBERG
BADEN
BAYERN
Donau
München
Prag
TSCHECHOSLOWAKEI
Wien
ÖSTERREICH
UNGARN
JUGO-SLAWIEN
ITALIEN
SCHWEIZ
NIEDERLANDE
Den Haag
BELGIEN
Brüssel
EUPEN-MALMEDY 24.7.1920
LUXEMBURG
SAARLAND 13.1.1935 unter Verwaltung des Völkerbundes (bis 1920)
ELSASS-LOTHRINGEN
FRANKREICH
Paris
Abstimmungsgebiete
Grenzen des Deutschen Reiches 1914
Grenzen des Deutschen Reiches 1920
Ostgrenze der entmilitarisierten Zone
0 50 100 150 km